すぐ使えてたのしい！

井上明美・編著

Material book on useful play for child care

自由現代社

【はじめに】

子どもは楽しいあそびが大好きです。特に幼児期の子どもは、あそびを通してさまざまなことを学び、成長していきます。あそびが楽しいほど、子どもは夢中になり、夢中であそぶほど、豊かな感性や表現力を育み、その後の人間形成に大きな役割を果たしていきます。

本書は、「工作あそび」「ゲームあそび」「歌あそび・手あそび」の3つのテーマで、保育現場ですぐに使え、子どもが夢中になるあそびのネタを厳選して取り上げています。バリエーション豊富なあそびのネタを、ぜひ保育現場でお役立てください。

【本書の特長】

◆イラストや写真を多用した構成

本書では、イラストをふんだんに用い、指導者の皆さまが楽しく使えるように工夫を凝らしています。また、工作あそびでは写真を掲載し、完成品などのイメージがわかるようになっています。

◆細かくわかりやすい説明

工作あそびのつくりかたや、歌あそび・手あそびの動作などは、各過程ごとにイラストつきで、細かく丁寧にわかりやすく解説しています。

◆発展的なあそびのポイントやアドバイスなど

基本的なあそびに加え、より発展的なあそびの内容や、指導する際のポイントやコツなども紹介しています。

◆簡単なアレンジの伴奏譜

伴奏つきの楽曲は、簡単で弾きやすく、かつ楽曲のよさを引き立てた伴奏アレンジになっています。

◆子どもたちが歌える音域に設定

取り上げている楽曲はすべて、子どもたちが無理なく歌える音域の調に設定しています。

【各テーマの内容とねらい】

	内　容	ねらい
工作あそび	画用紙、色紙、折り紙、紙ねんど、紙皿他、さまざまなものを使い、塗ったり切ったり貼ったりして、作品を仕上げます。また、牛乳パックやペットボトル、アルミ缶、発泡スチロールのトレイなど、リサイクル品を使った工作も多数紹介しています。さらに、作ったものであそんだり、飾りつけたりします。	想像力や創造力を養い、指先を使うことで手先の器用さを培います。また、ものを作ることの楽しさや、作品が完成したときの達成感を味わいます。
ゲームあそび	数人のグループごと、またはクラス全員で、ルールのあるあそびをします。友だちと触れ合いながらできるゲーム、歌を用いたゲームの他、室内、屋外それぞれでできるあそびを紹介しています。伝承的なゲームあそびからオリジナルのゲームあそびまで、幅広く取り上げています。	みんなで一緒にあそぶ楽しさや、友だちと協力する楽しさを知ります。また、ルールや決まりなどを守る大切さを覚え、社会性を養います。
歌あそび・手あそび	リズムや歌に合わせて身体を動かしたり、歩いたり踊ったり、手あそびをしたりします。伝承的なものからオリジナルのものまで幅広く取り上げています。また、集団で何かを始める前の歌や、帰るときに荷物を確認する歌、歯みがきの歌など、子どもの園生活に密着した歌も取り上げています。さらに、子どもが歌いながら描ける絵かきうたなども紹介しています。	身体を動かすことや歌うことの楽しさを覚え、リズム感や音感などを養います。また集中力や機敏性、記憶の再生力などを養います。さらに、手あそびや絵かきうたの楽しさを知ります。

～♪～☆～♪～☆～♪～☆～♪～☆～♪ **もくじ** ♪～☆～♪～☆～♪～☆～♪～☆～♪～

工作あそび

ゲームあそび

歌あそび・手あそび

切ったり貼ったり描いたり…。
自由な発想で、思いきり工作あそびを
楽しみましょう。

工作あそび

1 ジャンプ！キャッチ！

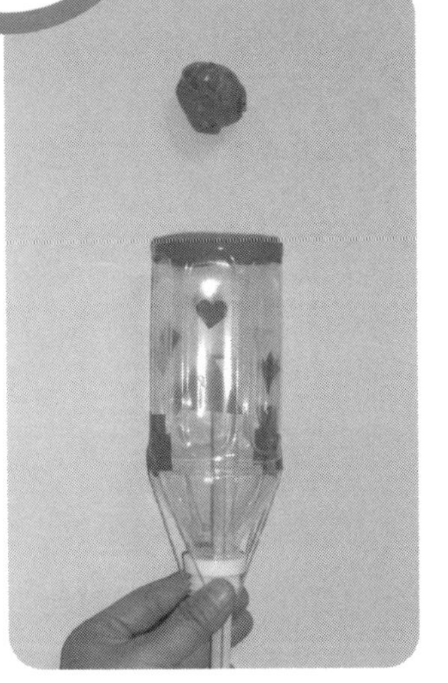

- ペットボトル（５００ｍｌのもの）
- 割りばし　・カッター
- ビニールテープ　・輪ゴム
- セロハンテープ　・新聞紙

準備するもの

つくりかた

1 ペットボトルをカッターなどで切ります。

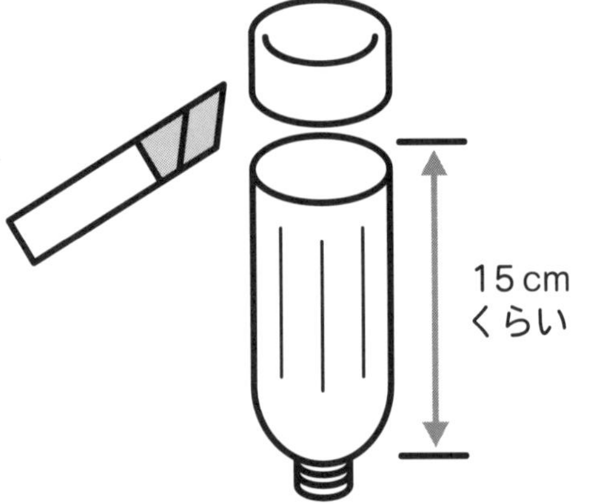

2 切り口にビニールテープを巻きます。

4 割りばしの割れ目に輪ゴムを２本ひっかけ、輪ゴムがずれないように上下にセロハンテープを貼ります。

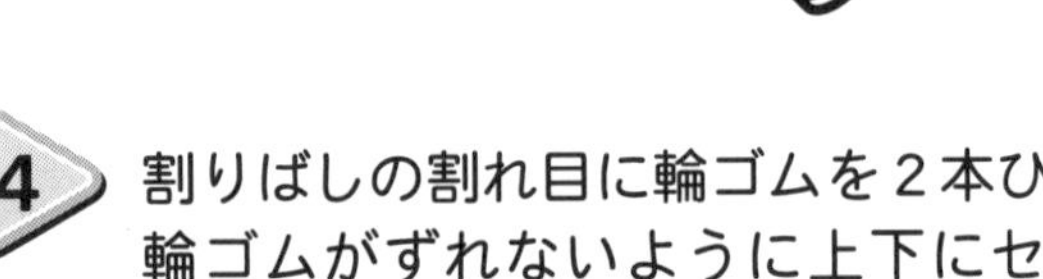

3 ビニールテープを好きな形に切って、ペットボトルに貼ります。

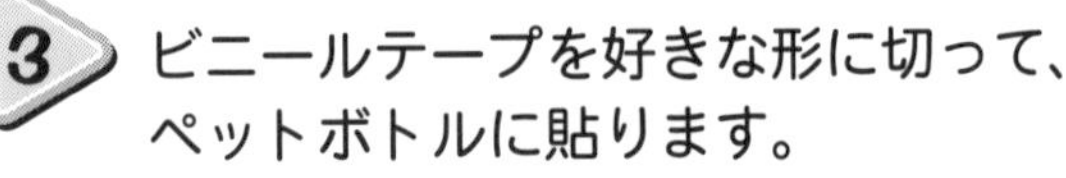

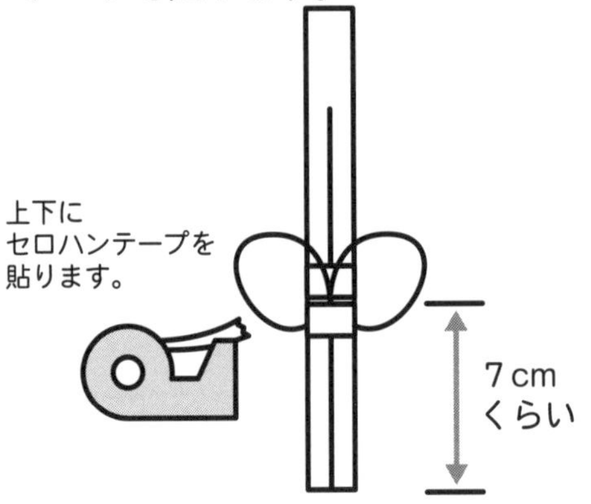

5 2本の輪ゴムの端にビニールテープをひっかけて貼ります。

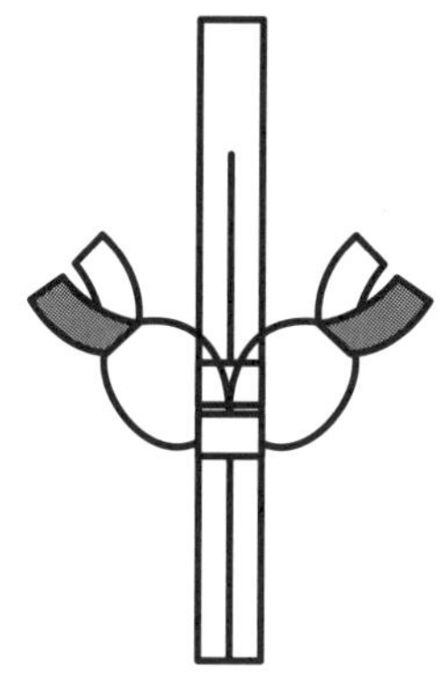

6 ペットボトルの穴から割りばしを入れ、外側をビニールテープでとめます。

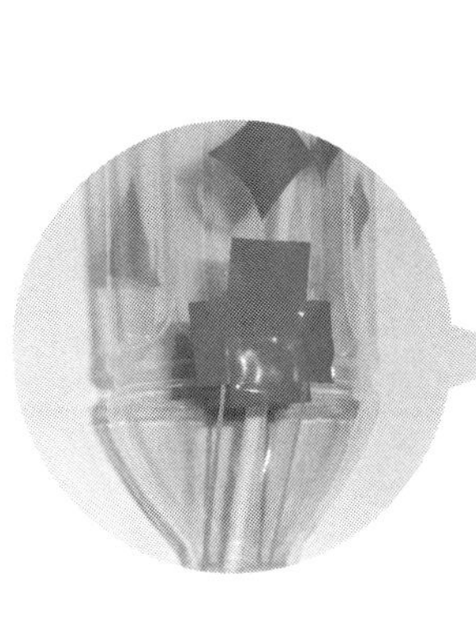

7 新聞紙をまるめてビニールテープでとめ、玉をつくります。

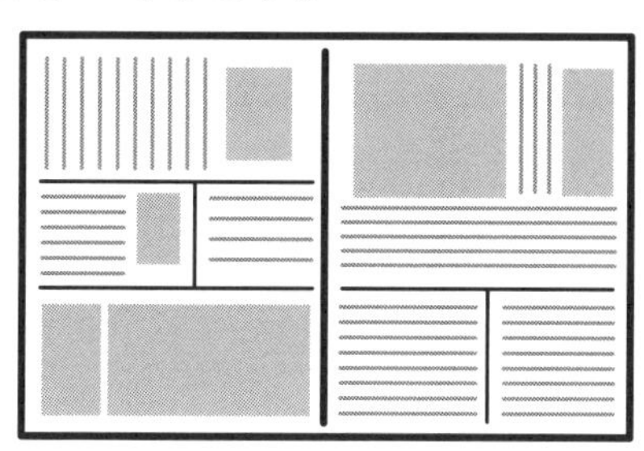

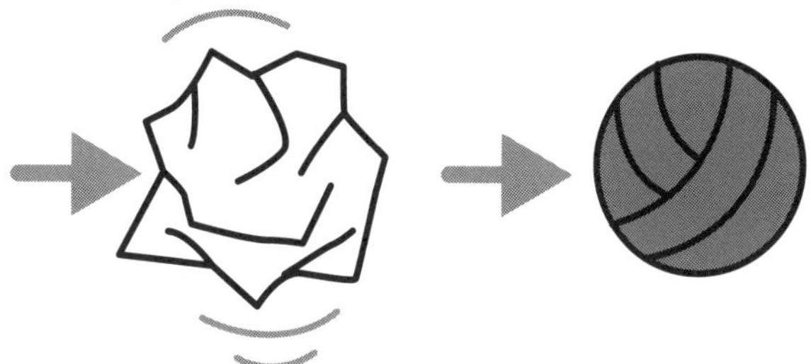

新聞紙 $\frac{1}{6}$ くらいの大きさで丸めます。

あそびかた

割りばしを引っ張って放すと、玉が飛び出します。

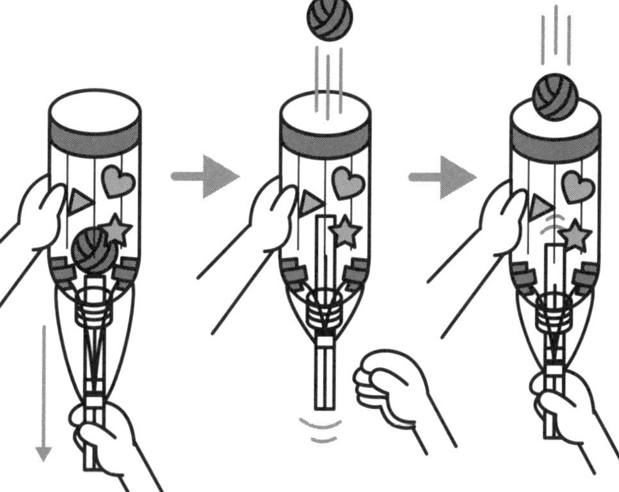

飛び出した玉をキャッチします。

あそびのポイント

玉をキャッチするのが難しいときは、ジャンプさせるだけでもかまいません。
どれだけ高くジャンプさせられるかを競争してもおもしろいでしょう。

工作あそび

工作あそび

2 モンキーマジック

準備するもの

・トイレットペーパーのしん　・折り紙
・画用紙　・ストロー　・たこ糸
・セロハンテープ　・段ボール
・はさみ　・のり　・クレヨン、ペンなど
・ビニールテープ　・両面テープ

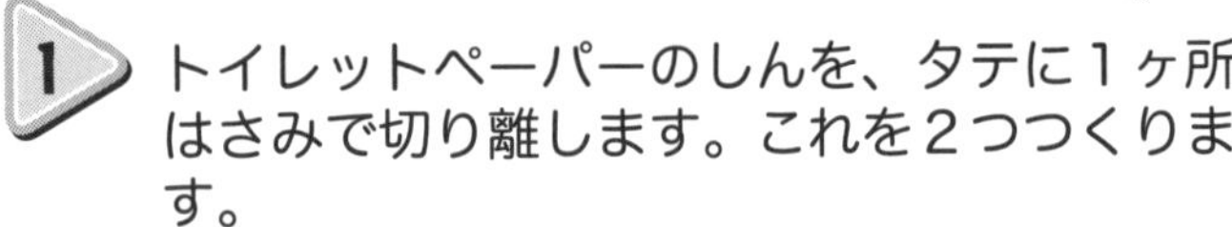

つくりかた

1 トイレットペーパーのしんを、タテに1ヶ所はさみで切り離します。これを2つつくります。

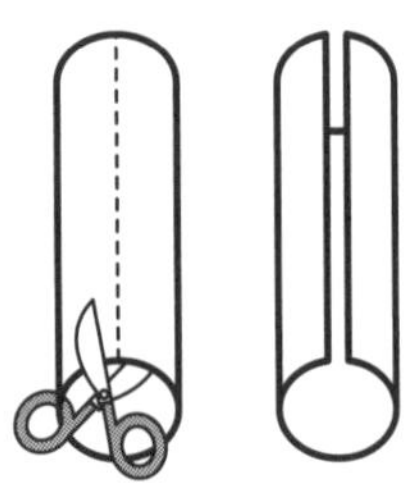

2 トイレットペーパーのしんの幅に合わせて茶色い折り紙を切り、ひとつのしんに巻いて、あまった分を切り離した部分の内側に折りこみ、のりで貼ります。

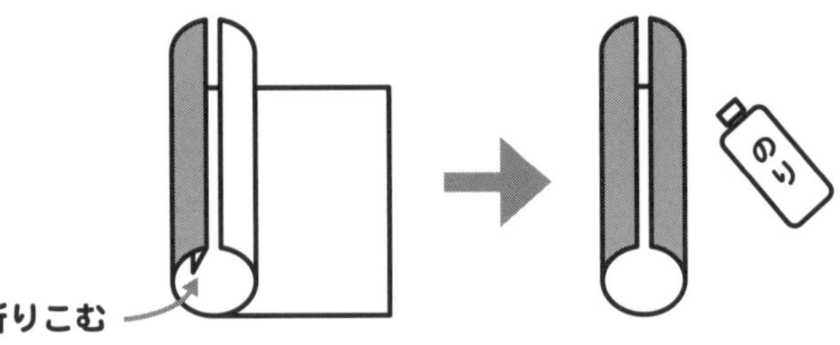

3 2 に、クレヨンやペンなどで木の模様を描きます。

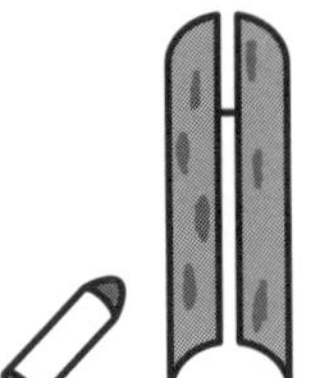

4 画用紙に、タテ12cm×ヨコ8cmの囲みを書き、その中に木に登っているサルの絵を描き、切り取ります。

5 折り紙を巻いていない方のしんに、**1** で切り離したところが真下にくるように、**4** を貼り、**3** と両面テープでくっつけます。

6 ５ｃｍくらいに切ったストロー２つをしんの内側の両脇にくるように、絵のように貼ります。

内側に貼る

7 １ｍくらいに切ったたこ糸を絵のように **6** のストローに通します。

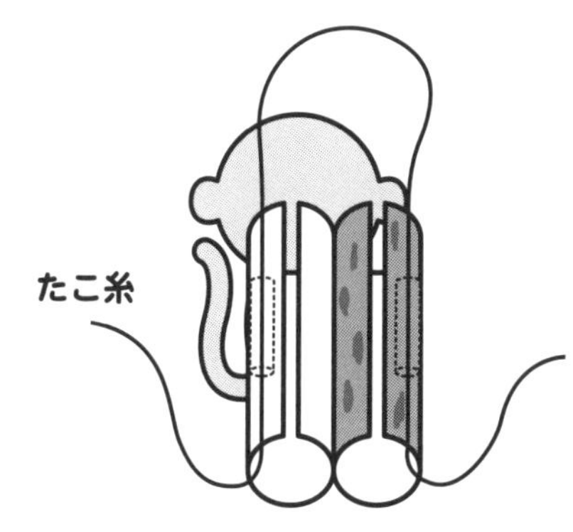

8 ２ｃｍ角くらいに切った段ボール２つに、**7** のたこ糸の先２ヵ所をそれぞれ巻き、ビニールテープでとめます。

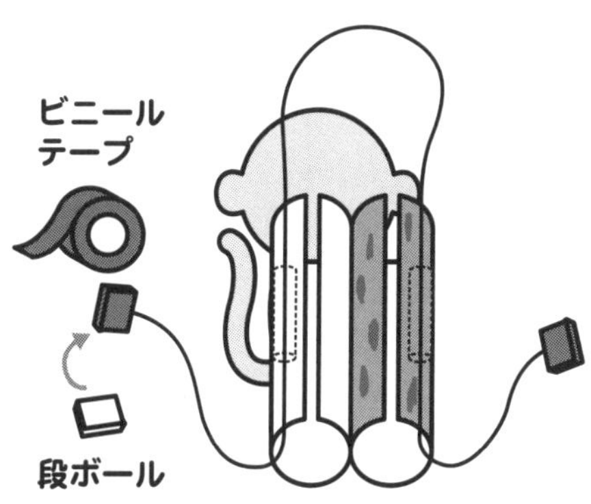

あそびかた

壁につけたフックなどに、たこ糸を引っかけ、左右に引っぱると、サルが上に登っていきます。

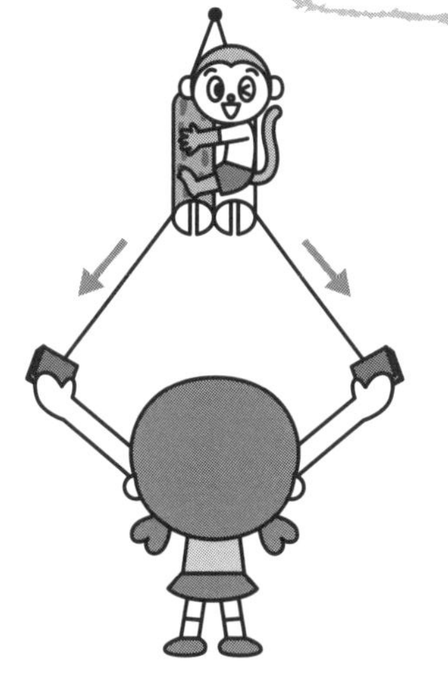

あそびのポイント

サルの代わりに、自分の似顔絵や好きな動物が木に登っている絵を描いてもいいでしょう。

工作あそび 3 牛乳パックゴマ

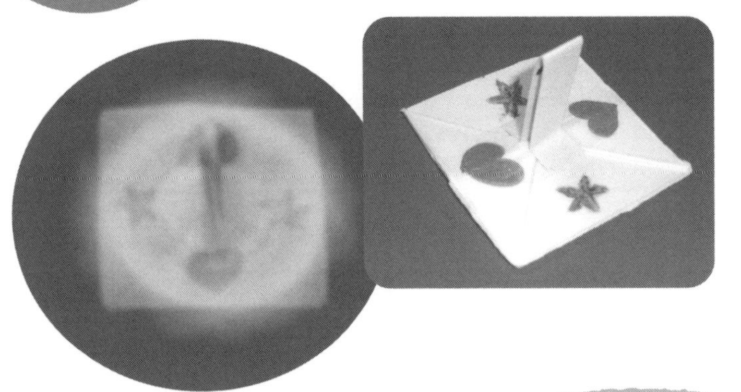

準備するもの

- 牛乳パック
- はさみ
- セロハンテープ
- クレヨン、油性ペンなど

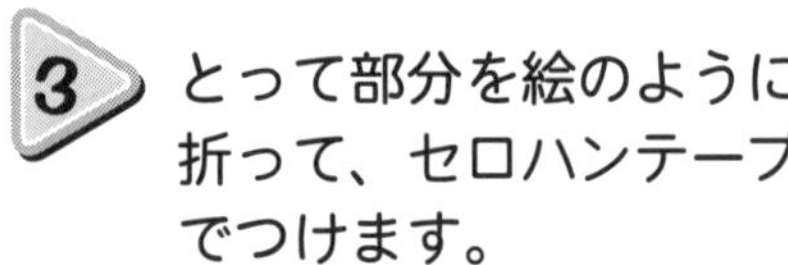

つくりかた

1 牛乳パックの底と側面を絵のように切りとります。

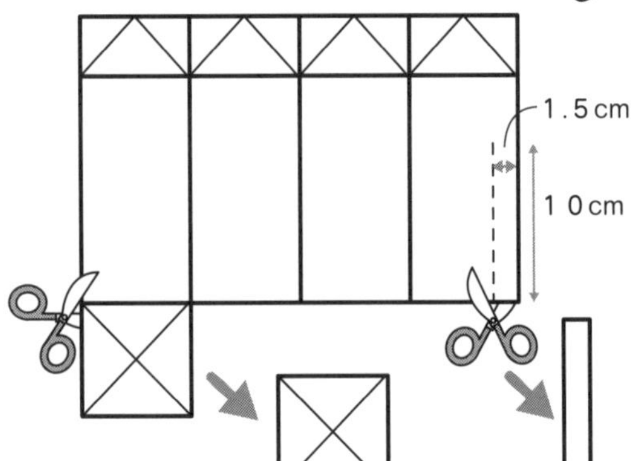

2 切りとった底の内側面に、クレヨンや油性ペンなどで自由に絵を描きます。

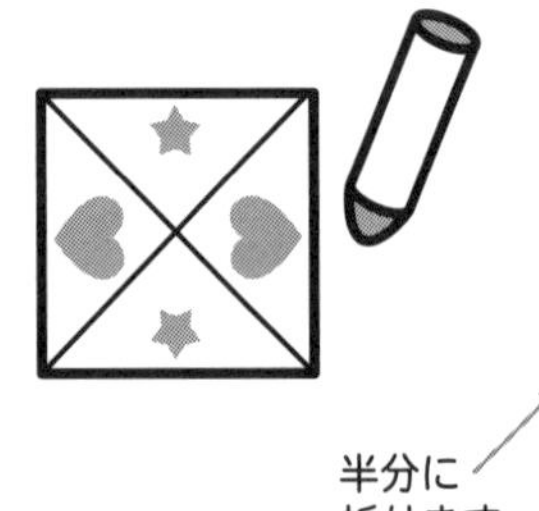

3 とって部分を絵のように折って、セロハンテープでつけます。

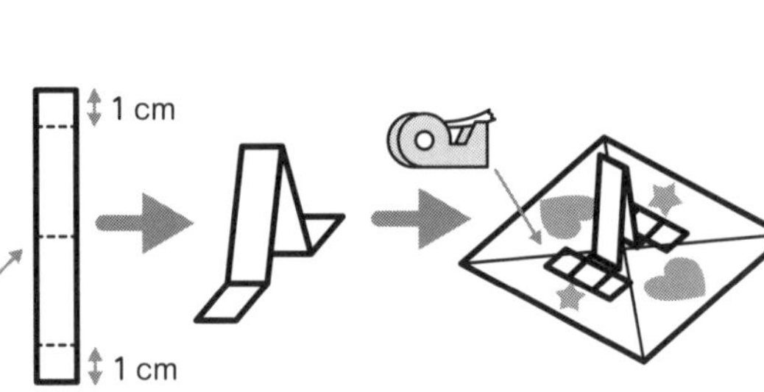

あそびかた

とってをまわしてコマをまわします。

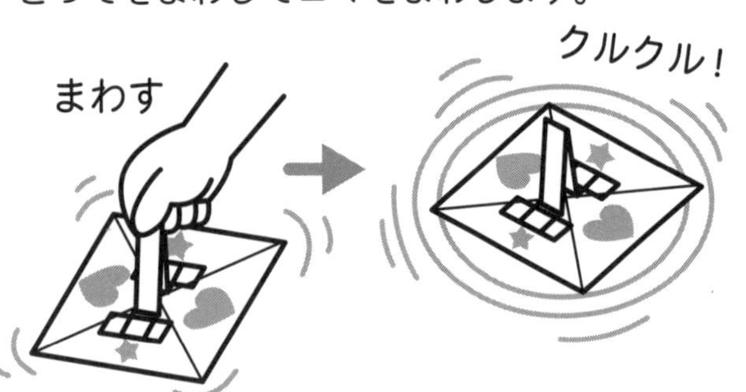

あそびのポイント

牛乳パックの底は、折り段差がついているので、それだけで簡単にまわります。底にローソクなどをこすりつけると、よりすべりがよくなり、まわりやすくなります。

ローソク
底部分

やさいゴマ

・いろいろなやさい
（にんじん、きゅうり、なす、
さつまいも、ごぼうなど）
・包丁またはカッター
・つまようじ

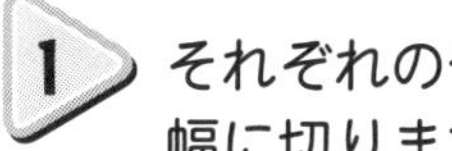

つくりかた

1 それぞれのやさいを１～２ｃｍくらいの幅に切ります。

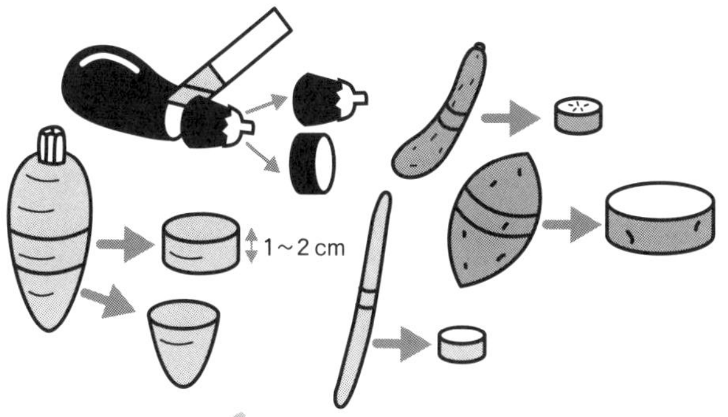

2 切ったやさいのまん中に、それぞれ、つまようじをさします。

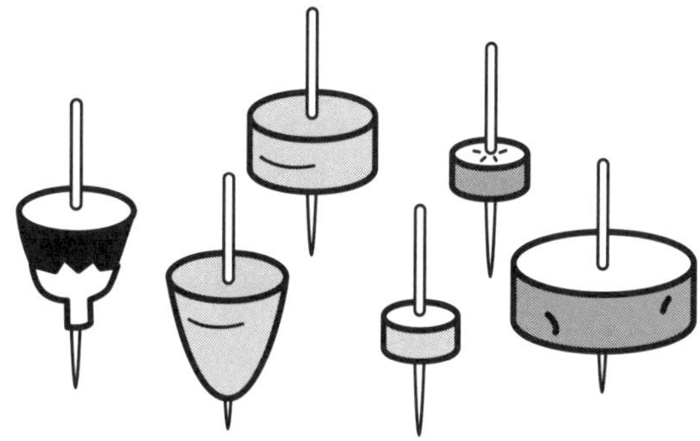

あそびかた

どのやさいゴマが一番よくまわるか、ためしてみましょう。

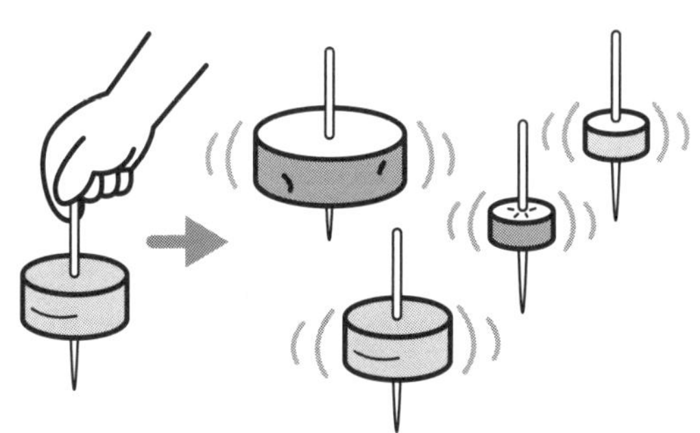

あそびのポイント

やさいは、輪切りだけでなく、ヘタの部分も使えます。またつまようじは、あまり深くさしこまないようにするのが、うまくまわすコツです。こうすることで重心が低くなって、ぐらつかないからです。

浅くさしこむ

工作あそび 5 クルクル水族館

- 紙コップ（2つ）
- クレヨン、ペンなど
- えんぴつ
- はさみ
- カッター

準備するもの

つくりかた

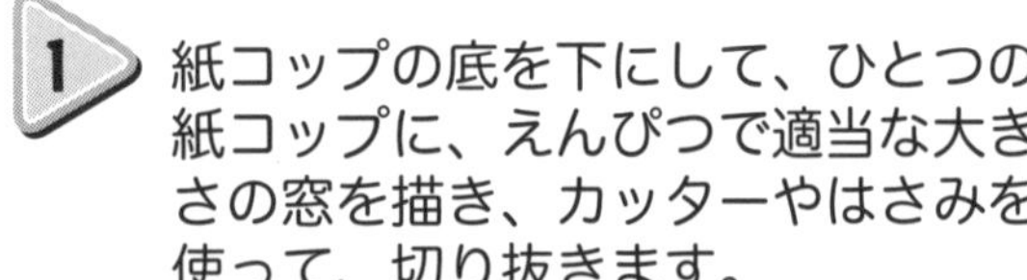

1 紙コップの底を下にして、ひとつの紙コップに、えんぴつで適当な大きさの窓を描き、カッターやはさみを使って、切り抜きます。

2 1 の窓のまわりに窓枠を描いたり、まわりには好きな絵を描きます。

3 もうひとつの紙コップ全体に、２つの紙コップを重ねたときに 2 の窓から見えるように、いろいろな魚の絵を描きます。

4 2 の紙コップが外側になるように、2 と 3 を重ねます。

あそびかた

内側の紙コップをクルクル動かすと、水族館の魚のように、次々といろいろな魚が現れます。

あそびのポイント

魚の絵を、車や船の絵などにして、クルクル動かしても楽しいでしょう。

飛ばそう！紙ひこうき

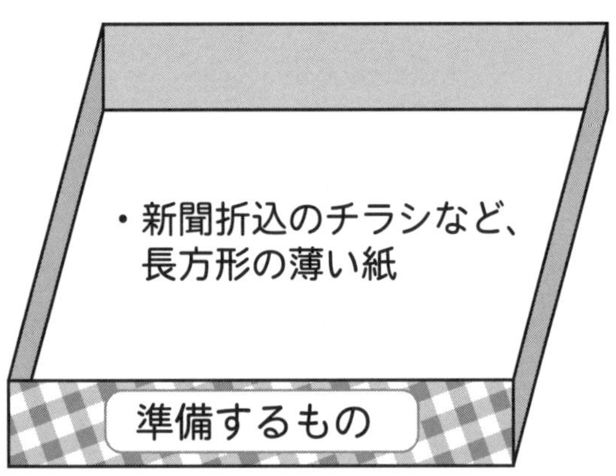

つくりかた

4つの紙ひこうきのつくりかたをご紹介します。

三角ひこうき

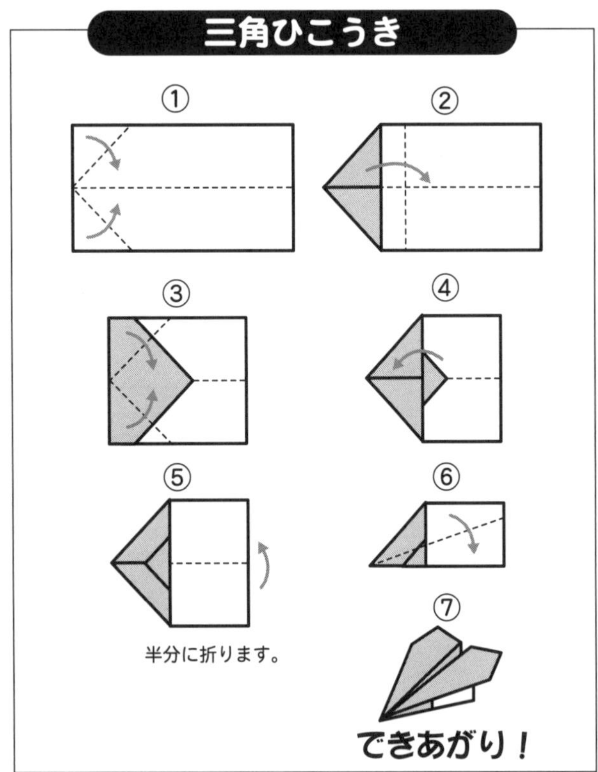

ロケットひこうき

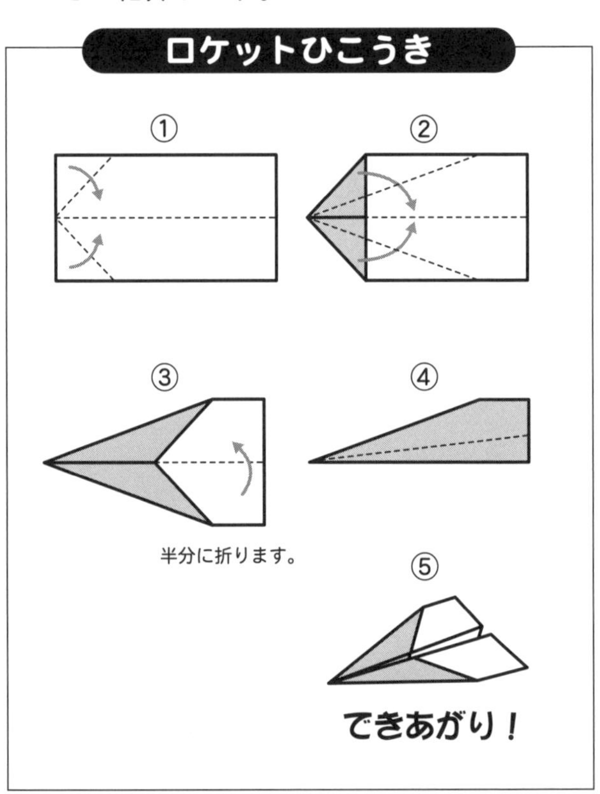

①
②
③
④
半分に折ります。
⑤
できあがり！

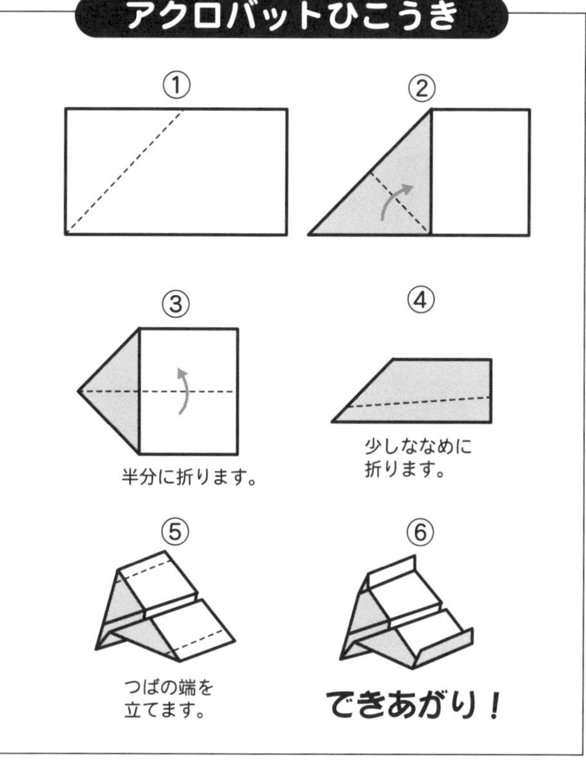

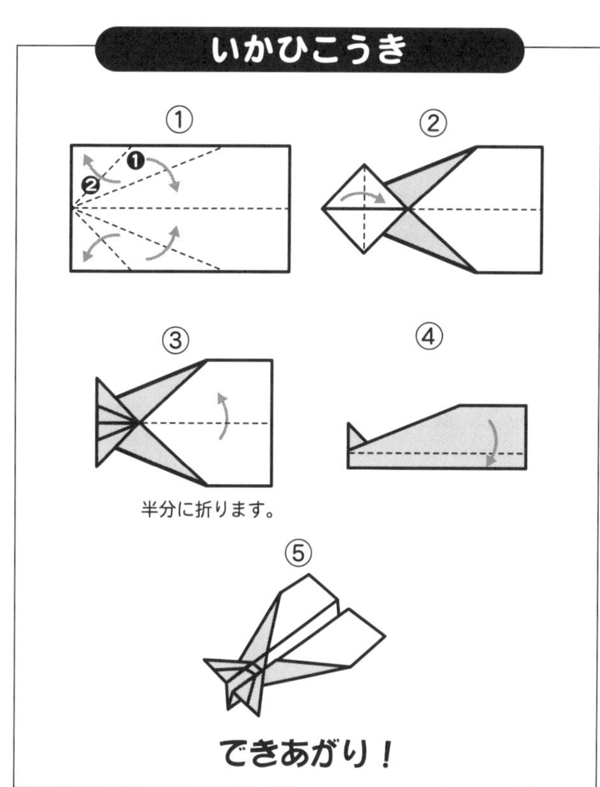

あそびかた

できるだけ高く遠くに飛ばしてみましょう。
次は、紙テープで大小それぞれの輪をつくり、ひもに通します。その輪に入れるように飛ばしてみましょう。

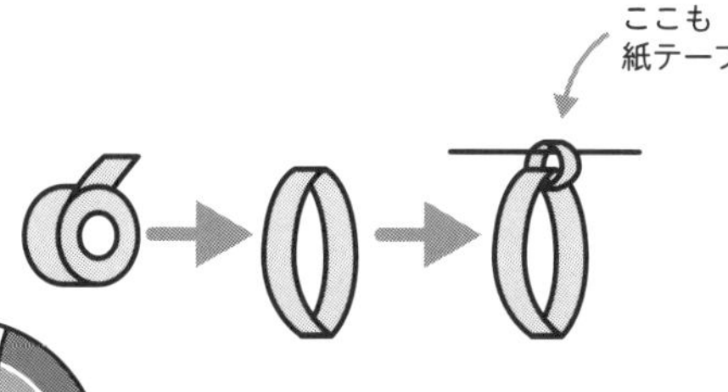

わっかに
はいれ！

あそびのポイント

チラシのかわりにトレーシングペーパーなどを使って、
自由に絵を描いてもいいでしょう。

工作あそび

7 動物カスタネット

準備するもの

- 牛乳パック
- はさみ
- ペットボトルのふた
- セロハンテープ
- クレヨン、ペンなど

つくりかた

牛乳パックを開き、絵のようにはさみで切ります。

白い部分を外側にして折り、２枚重ねて絵のように切ります。

動物の耳の部分をセロハンテープでつけます。

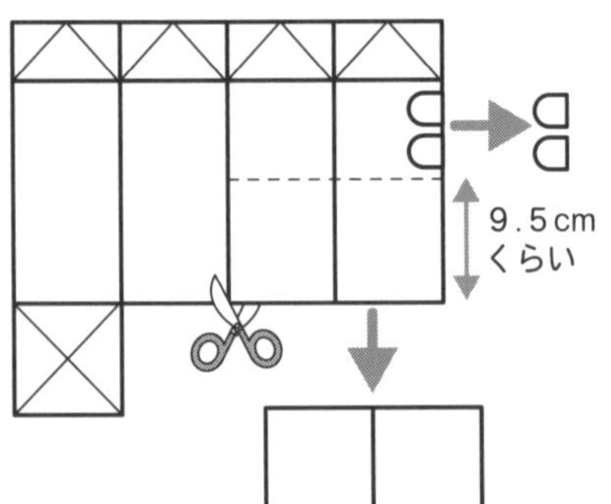

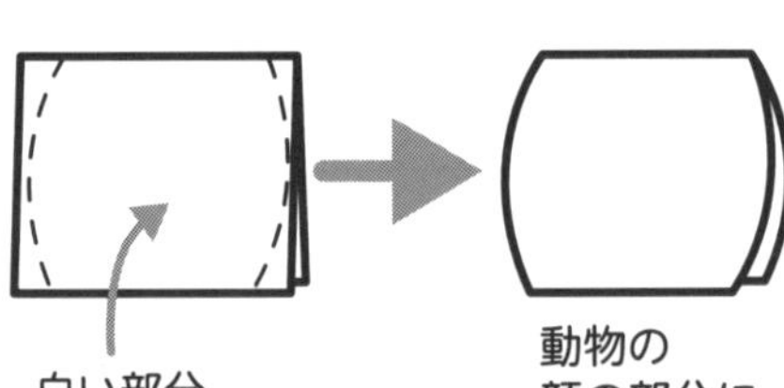

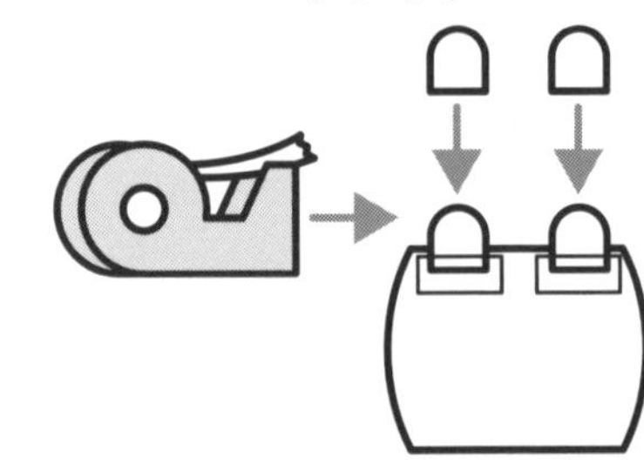

4 おもてにクレヨンやペンで好きな動物の顔を描きます。

5 内側の３ヶ所に、絵のようにペットボトルのふたをつけます。

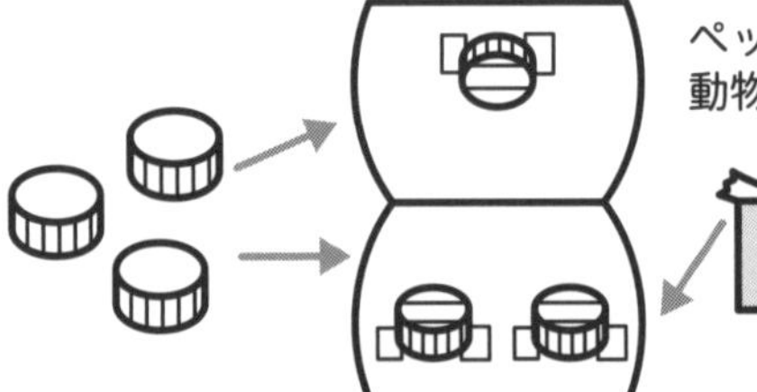

ペットボトルのふたが
動物の歯のイメージです。

あそびかた

カスタネットのようにたたくと、ペットボトルのふたがぶつかり合って音が鳴ります。

あそびのポイント

音楽のリズムに合わせてたたいてみましょう。

工作あそび

8 紙皿でんでんだいこ

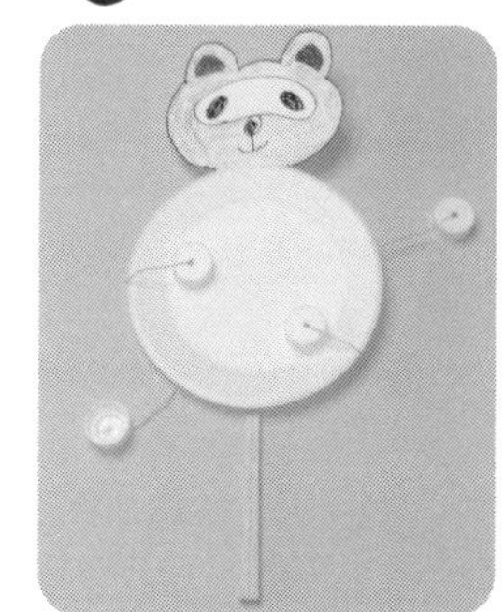

準備するもの

・紙皿　・ペットボトルのふた　・ひも
・セロハンテープ　・色画用紙、折り紙など
・クレヨン　・はさみ　・割りばし
・のり　・きり

つくりかた

1 色画用紙を動物の顔の形に切って、折り紙やクレヨンで顔をつくり、紙皿のうらに貼ります。

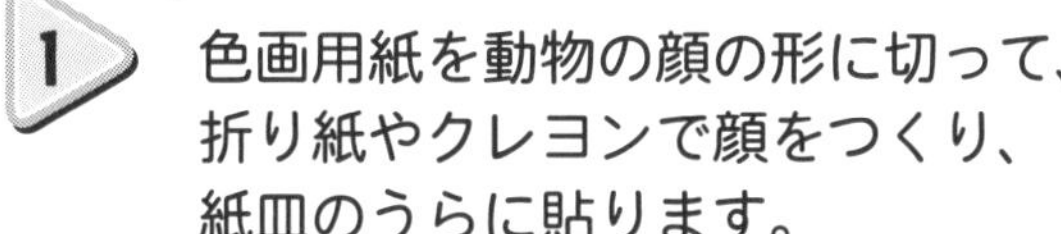

2 ペットボトルのふたのまん中に、きりで穴をあけ、ひもをとおして結び、セロハンテープでとめます。

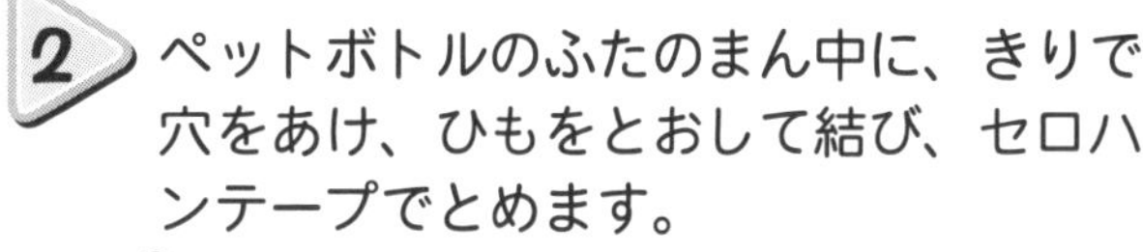

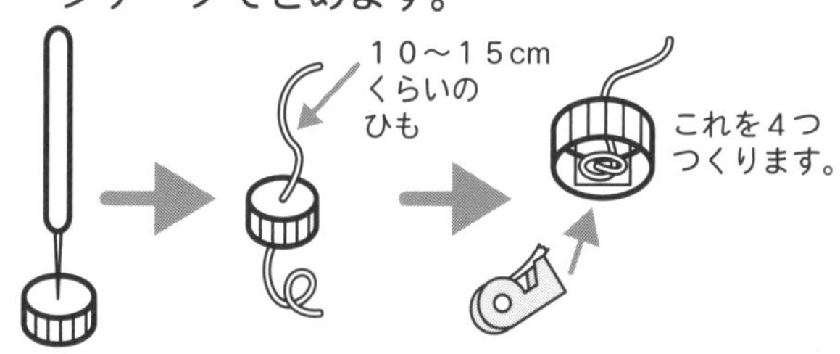
１０～１５cm
くらいの
ひも
これを４つ
つくります。

3 紙皿のうらにペットボトルのふたをつけたひもをしっかり貼りつけます。

4 割りばしを紙皿のうらのまん中につけます。

動物の手足の
イメージです。

あそびかた

割りばしを動かして、ペットボトルのふたを紙皿にあてて音を出します。

トン
トン♪

あそびのポイント

割りばしを動かすのが難しいときは、両手にはさんで、こするようにして音を出してもいいです。

スリ
スリ

9 あき缶笛

準備するもの

・アルミ製のあき缶　・ストロー
・画用紙またはコピー用紙　・はさみ
・クレヨン、ペンなど
・セロハンテープ　・ボンド

つくりかた

1 あき缶の大きさに合わせて、画用紙またはコピー用紙を切ります。

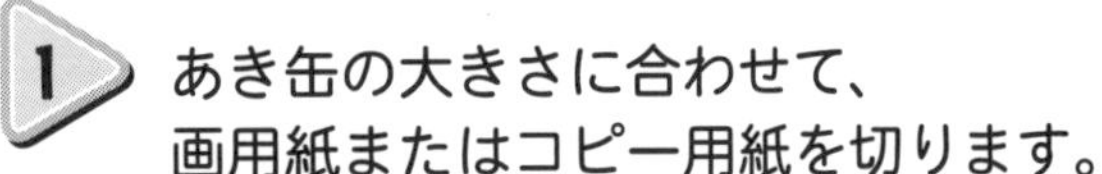

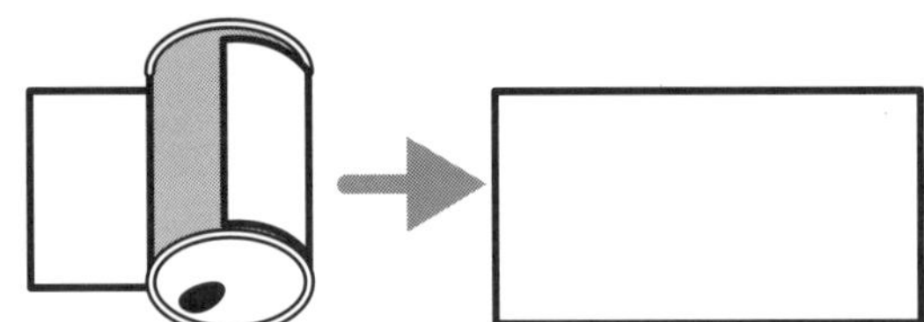

2 1で切りとった紙に、クレヨンやペンなどで自由に絵を描きます。

3 ストローを半分に切り、２本にします。これをセロハンテープでとめます。

4 あき缶に2の紙を巻いてボンドで貼り、ストローを絵のようにセロハンテープでつけます。

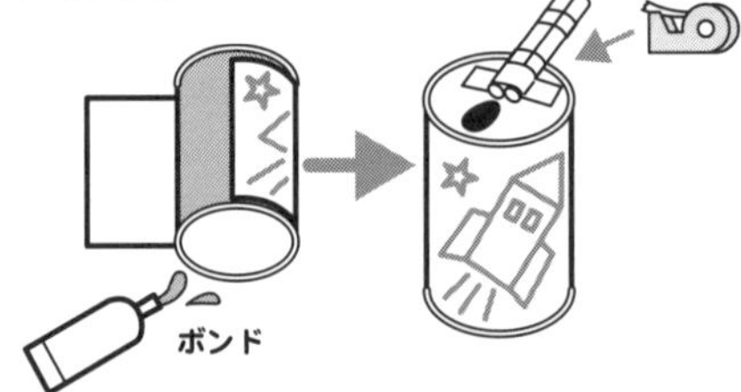

あそびかた

ストローに息を吹いて音を出します。

あそびのポイント

★缶の大きさや形によって、音の高さや音色が変わります。いろいろな缶で、音の違いをためしてみましょう。
★吹いた音色がどんな音に聞こえるか、想像してみましょう。
（ex.フクロウの鳴き声、汽笛の音…）

工作あそび

10 輪ゴムハープ

準備するもの

・発泡スチロールのトレイ
・クレヨン、ペンなど　・輪ゴム

つくりかた

1 トレイの内側に、クレヨンやペンなどで自由に絵を描きます。

2 絵のようにトレイに５～６本輪ゴムをかけます。

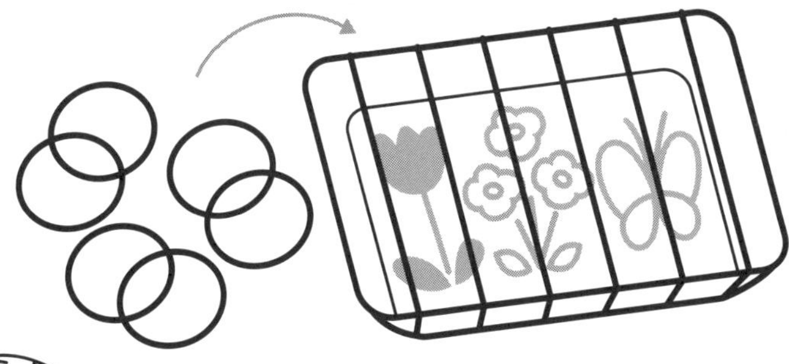

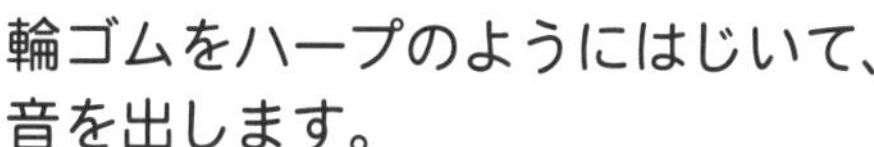

あそびかた

輪ゴムをハープのようにはじいて、音を出します。

あそびのポイント

★輪ゴムの張り方を変えると、音の高さが変わります。ピンと張ると高い音になり、ゆるく張ると低い音になります。輪ゴムの張り方をいろいろ変えて、音の高低の違いを聞き比べてみましょう。

★輪ゴムをはじいて音を出す他、指でつまんで放してみましょう。大きくつまむほど、大きな音が出ます。

工作あそび

11 オリジナル時計

準備するもの

- かけ時計（１００円ショップなどで売っているもの）
- 色画用紙
- 色板、折り紙など
- えんぴつ
- ビーズ
- はさみ
- ボンド、のりなど

つくりかた

1 時計の上のプラスチックと針をはずし、内側の大きさに合わせて画用紙を切ります。

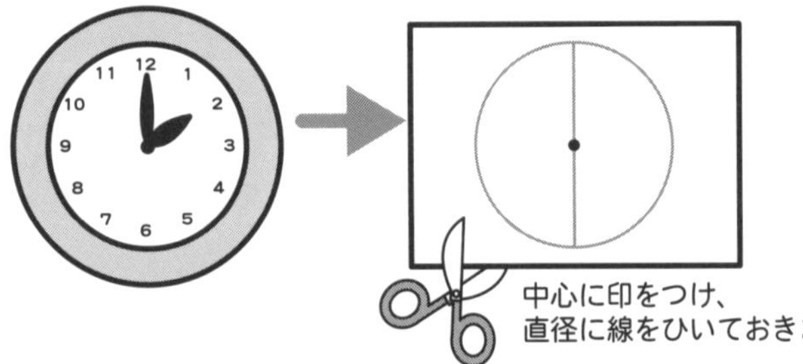

中心に印をつけ、直径に線をひいておきます。

2 で切りとった色画用紙に、えんぴつで好きな模様を描き、細かくした色板や折り紙などをボンドやのりで貼ります。

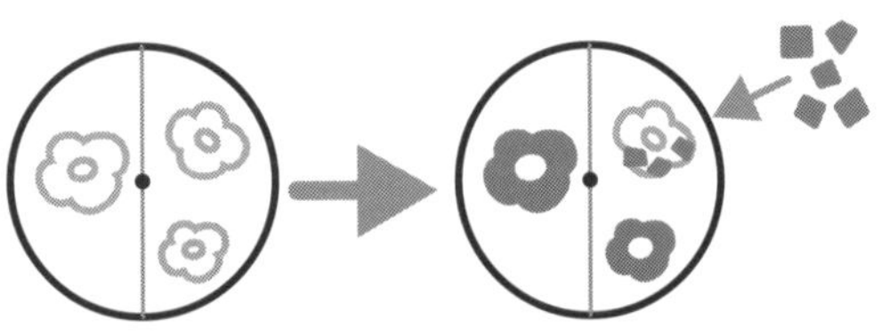

3 2でつくった色画用紙の半径部分に切りこみを入れ、時計にはめこみます。

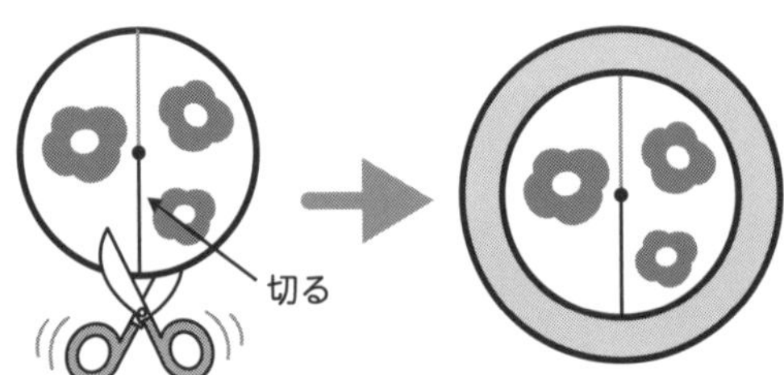

4 １２時、３時、６時、９時を示す４ヶ所にビーズを貼り、1ではずした針とプラスチックをはめて、できあがり！

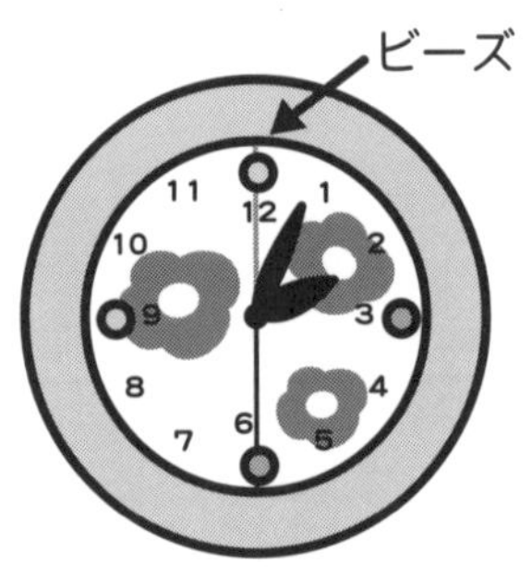

できあがり！

アドバイス

★作品展などの作品として、みんなの作品を壁に飾ると豪華です。
★いろいろな色の色画用紙を使うと、飾ったときにきれいです。

工作あそび 12

紙皿レターラック

- 紙皿　・リボン
- クレヨン、ペンなど
- ホチキス　・ビニールテープ
- はさみ　・のり　・きり

準備するもの

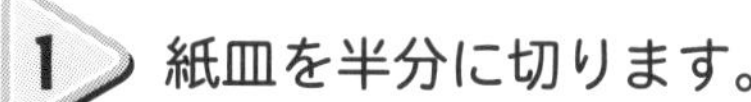
つくりかた

1 紙皿を半分に切ります。

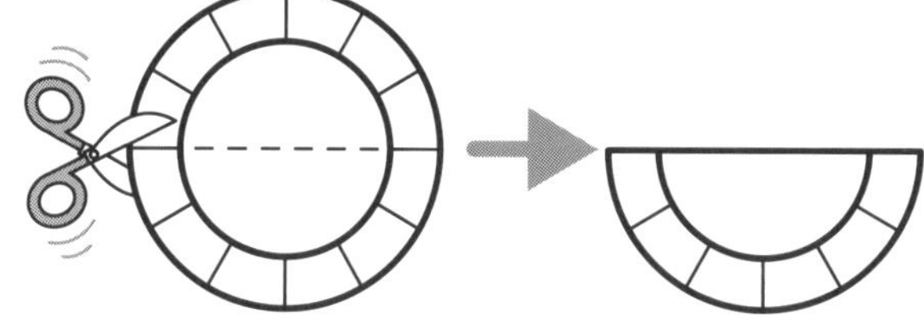

2 1で半分に切った紙皿のうら側に、クレヨンやペンなどで自由に絵を描きます。

3 もう１枚紙皿を用意し、おもて面とおもて面を合わせてホチキスでとめ、その上にビニールテープを貼ります。

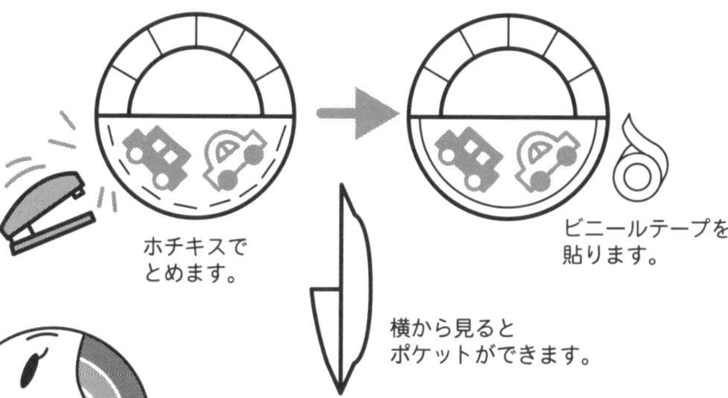
ホチキスで
とめます。
ビニールテープを
貼ります。
横から見ると
ポケットができます。

4 紙皿の上の２ヶ所に絵のようにきりで穴をあけ、そこにリボンをとおして結びます。

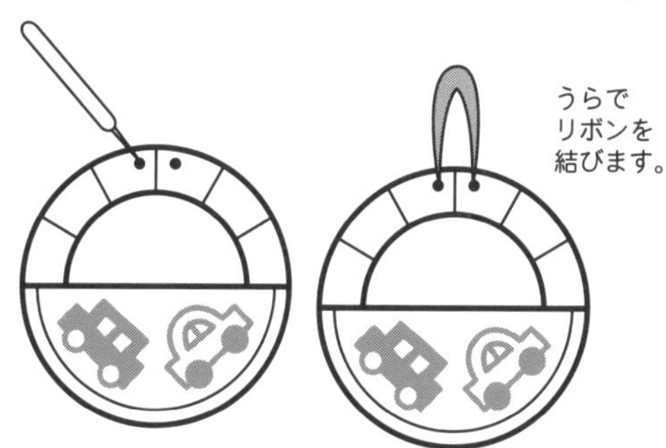
うらで
リボンを
結びます。

アドバイス

絵を描く部分にお母さんの似顔絵を描いて、
母の日のプレゼントにしてもいいでしょう。

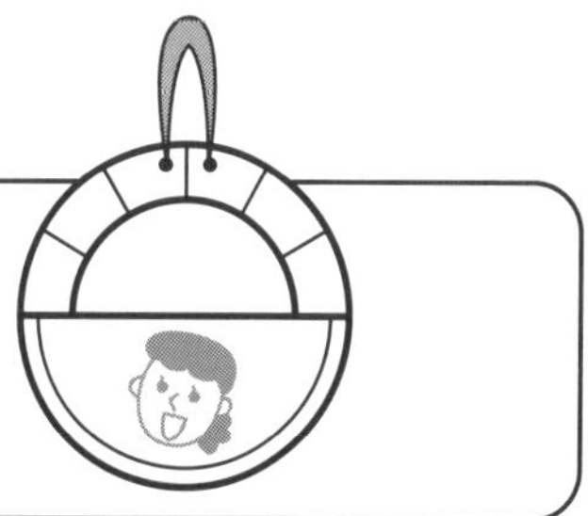

工作あそび

13 オリジナルペンダント

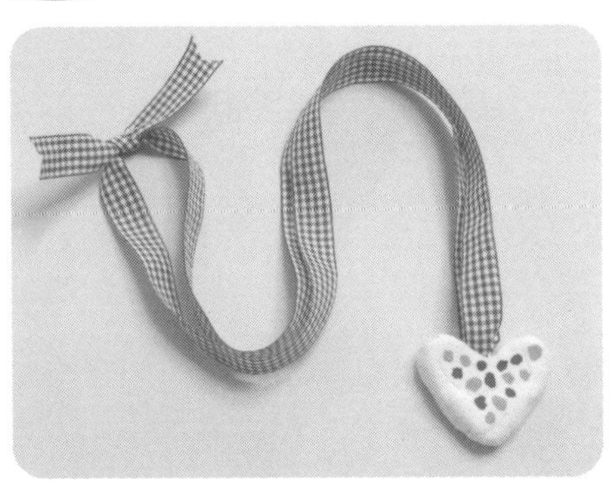

準備するもの

・紙ねんど　・クリップ
・絵の具　・筆　・リボン

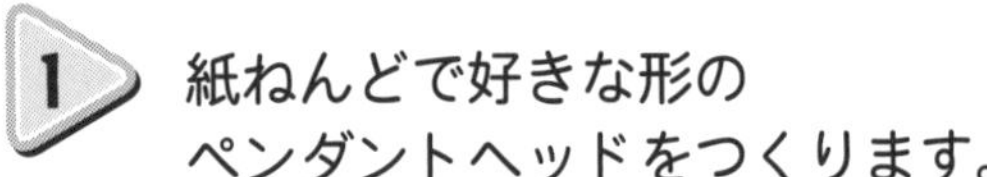

つくりかた

1 紙ねんどで好きな形の
ペンダントヘッドをつくります。

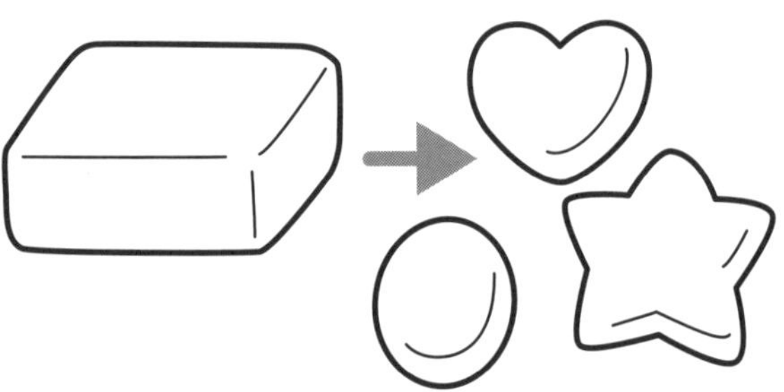

2 リボンをとおす部分に、
クリップをさしこみます。

3 紙ねんどが固まったら、
絵の具で好きな絵や模様を描きます。

4 クリップにリボンをとおして結びます。

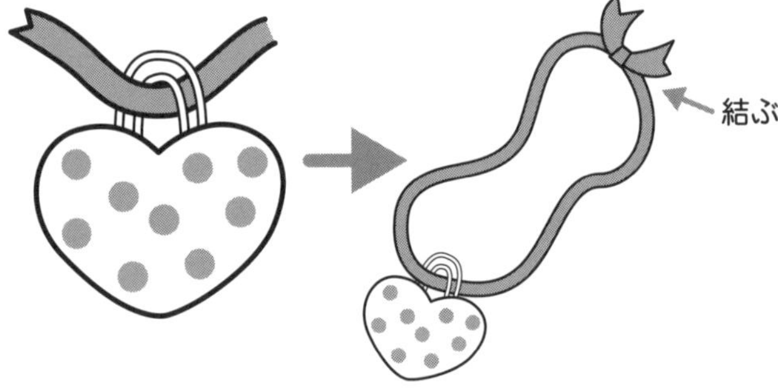

アドバイス

★みんなでつくったペンダントを壁にかけて飾るときれいです。
★つくったペンダントを友だち同士でプレゼント交換しても楽しいです。

工作あそび

14 あじさいのちぎり絵

準備するもの

- 画用紙　・のり
- 和紙（青、水色、紫、ピンクなど、あじさいの色に近い色のもの）
- クレヨン、ペンなど

つくりかた

1 画用紙にあじさいの輪郭を描きます。

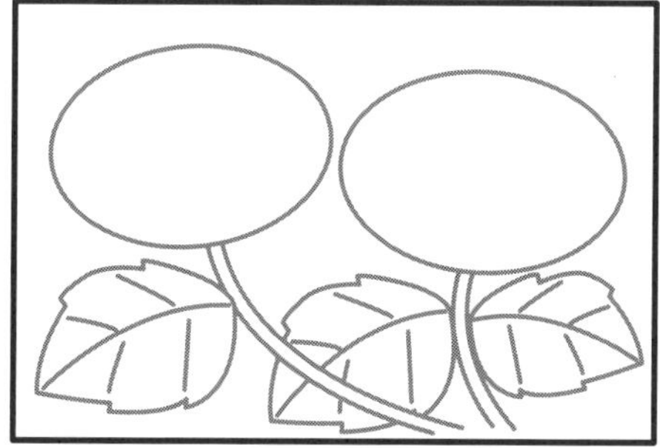

2 和紙をちぎって、花の部分にのりで貼りつけていきます。

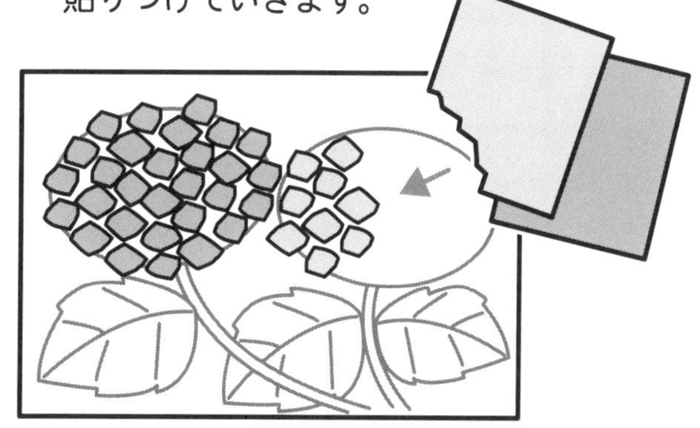

3 葉や茎の部分に、クレヨンやペンなどで色をつけます。

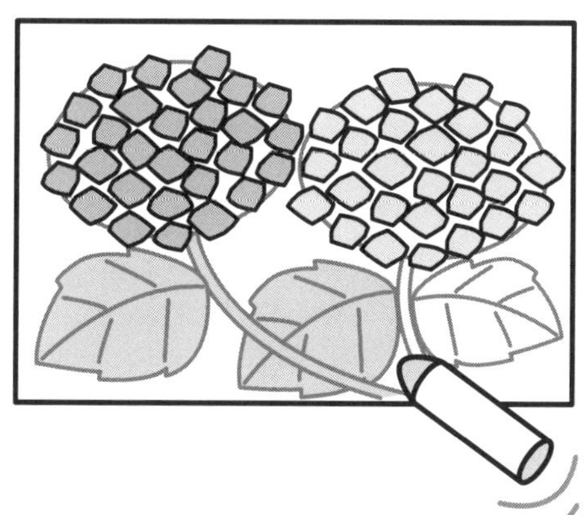

アドバイス

★画用紙のうらに、ひとまわり大きい色画用紙を貼ると、飾ったときに、より見栄えがよくなります。
★あじさいの他に、ぶどうのちぎり絵などをつくってもきれいです。

15 ストロー弓矢

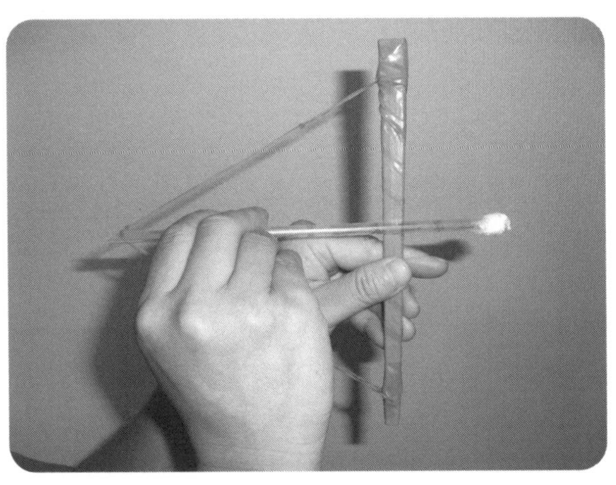

準備するもの

- 輪ゴム
- 割りばし
- ストロー
- ティッシュペーパー
- ビニールテープ
- はさみ
- セロハンテープ
- 油性ペン

やりかた

1 輪ゴムを４本つなぎます。

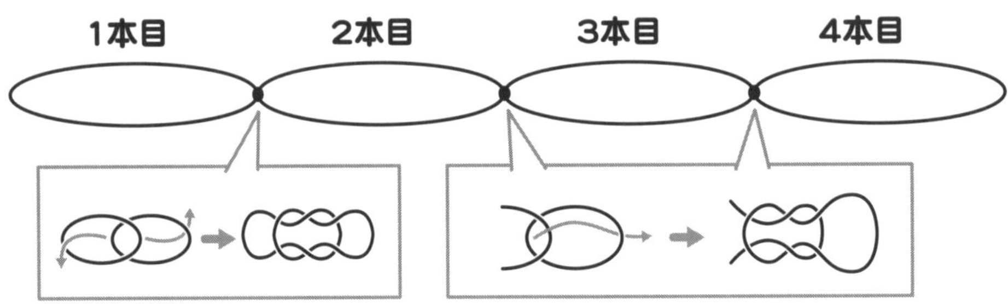

2 輪ゴムの片方を割りばしの端に巻きつけ、ビニールテープでとめます。

3 もう片方も 2 と同じように巻きつけ、ビニールテープでとめます。

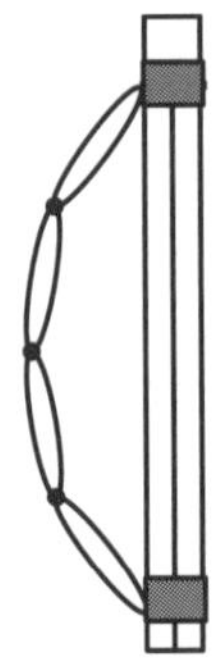

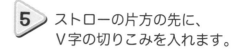

4 3 の割りばし全体にビニールテープを巻きます。

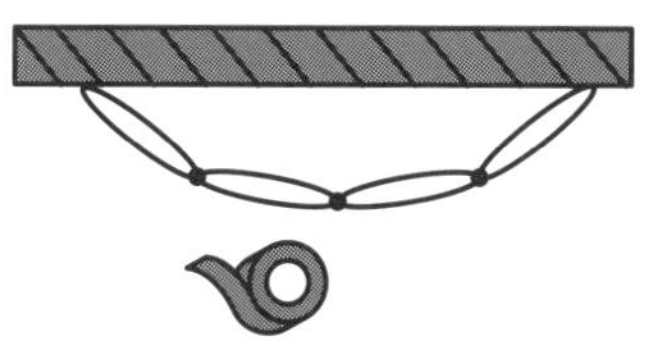

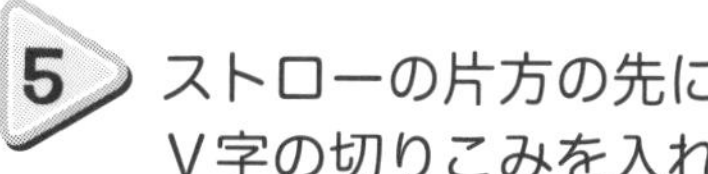

5 ストローの片方の先に、
V字の切りこみを入れます。

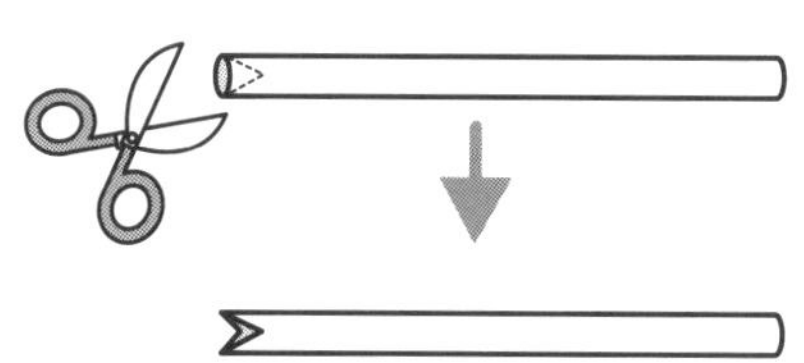

6 ティッシュペーパーを小さくちぎり、
5 のストローのもう片方の先につけ、
セロハンテープでとめます。

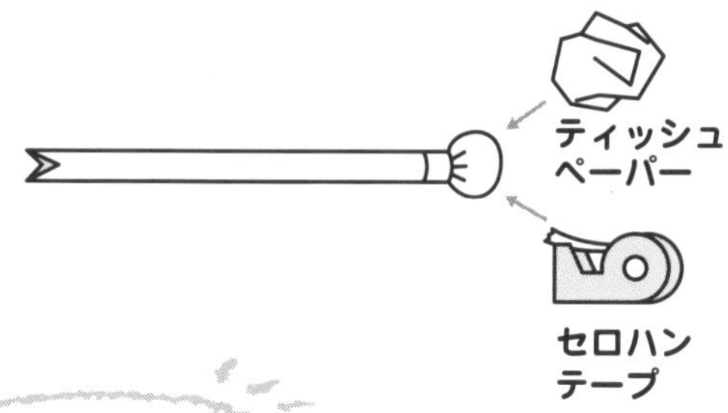

7 ストローに油性ペンで自由に模様を
描きます。

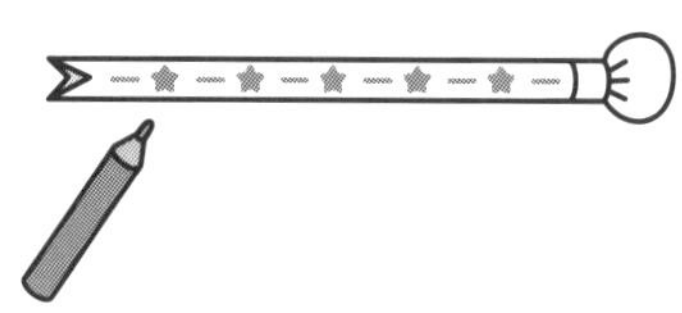

あそびかた

片手で弓のまん中あたりを持ち、もう片方の手でストローの矢を
輪ゴムに引っかけて後ろに引き、手を放して矢を飛ばします。

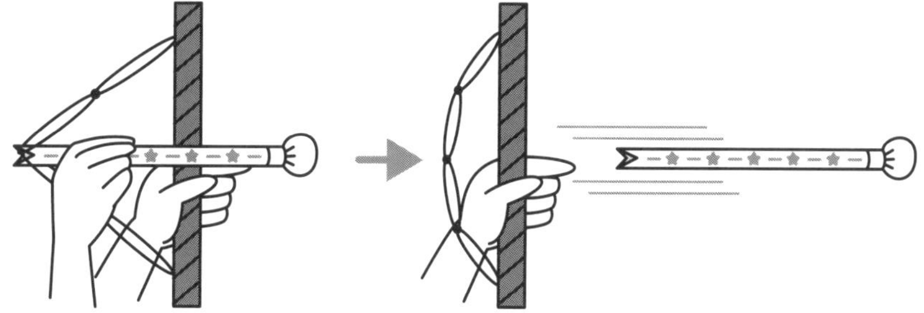

あそびのポイント

★スタートラインを決めて、誰が一番
遠くまで飛ばせるかを競っても
おもしろいでしょう。
★人に向けて飛ばさないようにしま
しょう。

工作あそび 16 いろいろこすり出し

準備するもの

・トレーシングペーパーやコピー用紙などの薄い紙
・さまざまな木の葉、コイン、クリップ、輪ゴムなど、平たく凹凸のあるもの
・クレヨン、色えんぴつ、パステルなど

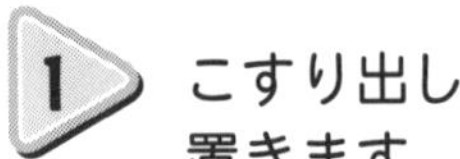

やりかた

1 こすり出したいものを、薄い紙の下に置きます。

2 クレヨンや色えんぴつ、パステルなどをねかせるように持ち、軽くなでるようにして紙にこすり出します。

アドバイス

★こすり出すものが動いてしまう場合は、その下に丸めたセロハンテープなどを貼って固定しましょう。
★身近なものの中で、こすり出しができるようなものをいろいろ探して、ためしてみましょう。
★数種類の木の葉をこすり出してできた形が、元のどの葉かクイズのように当ててもおもしろいでしょう。

ゲームあそび

ジャンケンしたり、友だちと
触れ合ったり…。
ルールを守りながら、思う存分
みんなでゲームあそびを楽しみ
ましょう。

ゲームあそび 1 新聞紙ゲーム

参観日などに親子で楽しむゲームです。

1. お父さん、またはお母さんと子どもが、ふたり一組になります。
2. 一組に１枚の新聞紙を配り、ふたりで新聞紙の上に乗ります。
3. 親または子どもと保育者がいっせいにジャンケンをします。

ジャンケン
ポン!

4. ジャンケンで負けた場合、またはあいこの場合は、新聞紙を２つ折りにします。このとき折り方は自由ですが、必ず半分に折ります。ジャンケンに勝った場合のみ新聞紙は折らなくていいです。

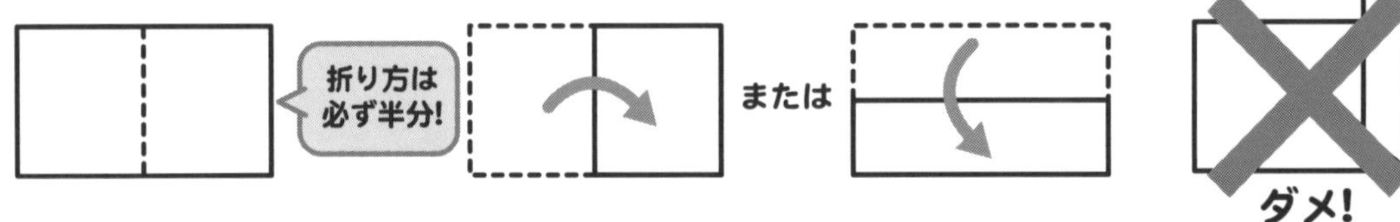
折り方は
必ず半分!
または
ダメ!

5. ジャンケンを続け、最後まで新聞紙に乗り続けられた親子がチャンピオンです。

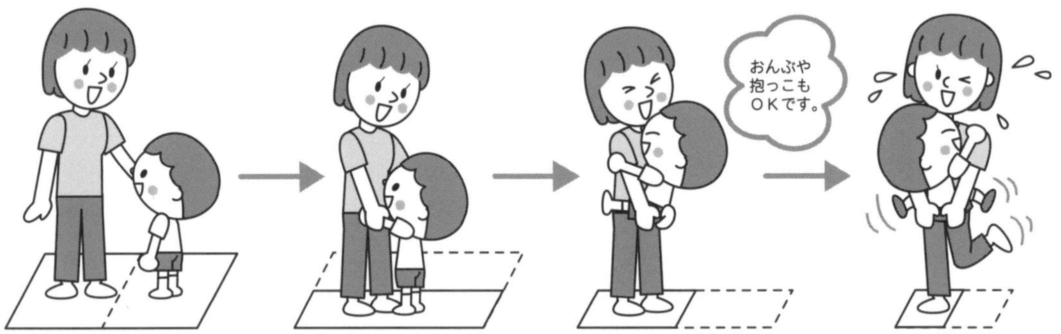
おんぶや
抱っこも
ＯＫです。

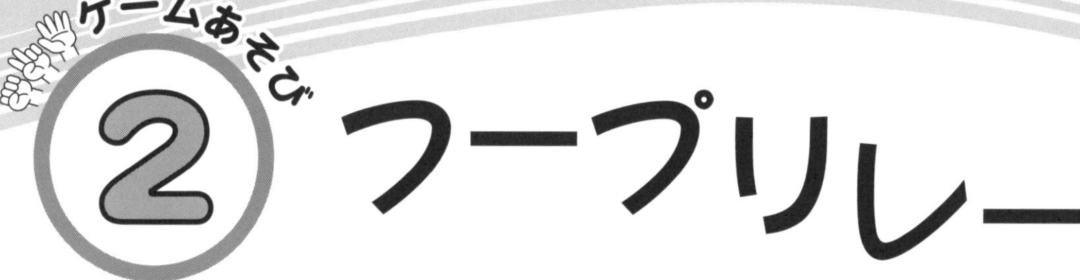

ゲームあそび ② フープリレー

体をくねらせて、フープを通して楽しむリレーゲームです。

1 ５人対５人、または１０人対１０人などに分かれ、Ａ・Ｂチームをつくります。

2 Ａ・Ｂチームとも横一列になって手をつなぎ、先頭の人がフープを持ちます。

3 保育者の「ようい ドン！」の合図で、先頭の人が手をつないだまま、フープを頭や手を通して、次の人に送っていきます。次の人も、同様にしてその次の人に送ります。

4 最後の人は、コーンなどにフープをかけてゴールします。先にゴールしたチームが勝ちです。

アドバイス

Ａ・Ｂの２チーム以外に、３～４チームに分けたり、クラス対抗にしてもおもしろいです。

ゲームあそび

3 ハナハナハナ

模倣と俊敏性を競うゲームです。

保育者は、「鼻、鼻、鼻、鼻…」といいながら、自分の鼻を触り、子どもたちはそれを真似して鼻を触ります。

「口、口、口、口…、耳、耳、耳、耳…、目、目、目、目…」といいながら保育者は順々にその部分を触っていき、子どもたちは同様に真似していきます。

アドバイス

保育者が早くいったり遅くいったり、わざと間違えたりすると、子どもたちは大喜びします。

忍者でにん！

忍者気分を楽しむゲームです。

1 最初に保育者が「忍者でにん！」といいながら、忍者ポーズをし、子どもたちも真似をします。

2 保育者が「頭しゅりけん！」といいながら、子どもたちの頭の上にしゅりけんを飛ばす動きをし、子どもたちはそれをよけるように、頭を沈めます。

3 保育者が「足しゅりけん！」といいながら、子どもたちの足元にしゅりけんを飛ばす動きをし、子どもたちはそれをよけるように、ジャンプします。

★保育者が「足しゅりけん！」といいながら、頭の上にしゅりけんを飛ばす動きをするなど、わざと間違えてもおもしろいです。

あそびの発展

「つるとかめ」という、「忍者でにん！」とよく似たあそびがあります。保育者が「つる！」「かめ！」といってポーズをとり、子どもたちが真似をします。

つるポーズ

かめポーズ

ゲームあそび

5 オオカミさん、今何時？

童話「オオカミと7匹の子ヤギ」をモチーフにしたあそびです。

地面に大きく家の形と丸の形を書きます。室内で行う場合は、ロープなどで床に形を作り、固定します。保育者はオオカミ役になり、子どもたちは全員家の形の中に入ります。

＊保育者「トントントン」
＊子どもたち「オオカミさん、今何時？」
＊保育者「夜中の１時」
＊子どもたち「あー、よかった！
オオカミさん、今何時？」
＊保育者「おやつの３時」
＊子どもたち「あー、よかった！」

上のようなかけ合いをくりかえします。

＊保育者「トントントン」
＊子どもたち「オオカミさん、今何時？」
＊保育者「夜中の１２時！」

保育者が「夜中の１２時！」といったときだけ、子どもたちは丸の陣地に逃げます。保育者は、逃げる子どもたちをつかまえます。つかまった子どもは、次からは保育者とともに、オオカミ役になり、徐々にオオカミが増えていきます。

ゲームあそび

6 宝さがしゲーム

地図をたよりに、宝のありかを見つけるゲームです。

まず、子どもたちをグループ分けします。クラスの人数が２５人くらいなら、５人ずつ五組くらいに分け、△、○、□、☆…と、グループごとにマークを決めます。保育者が、幼稚園や保育園の園内の地図を書き、地図に封筒や箱のありかを３ヶ所くらい示しておきます。子どもたちは、その地図をたよりに封筒や箱を探します。

封筒や箱には、一文字ずつ書いたカードや紙を入れておきます。３ヶ所全部の文字を見つけたら、その文字をくみ合わせると何の言葉になるか考え、保育者に伝えます。（ex.「ご」「ち」「い」→「いちご」など）正しく伝えられたら、保育者は何かごほうびをあげてもいいでしょう。

アドバイス

★グループごとのマークは、くだものや動物などのマークに替えてもいいでしょう。
★封筒のありかは、室内に限らず、すべり台や木につけておいてもＯＫです。
★文字の読める年長児向けのあそびです。

7 フルーツバスケット

いすとりゲームを発展させたあそびです。

クラスの人数がたとえば３０人なら、３種類のくだもの（ex.いちご、メロン、バナナ･･･）をひとつずつ書いたカードをそれぞれ１０枚ずつ用意します。ひとり１枚ずつカードを首から下げます。

輪になって座り、ひとりだけはリーダー（発令者）になり、輪のまん中に立ちます。たとえばリーダーが「いちご！」と発令したら、いちごのカードをかけた人が立ち上がり、他のいすに座ります。そのとき、リーダーもいすに座ります。あぶれた人が次のリーダーになります。
「いちごとメロン！」と２つ以上発令してもＯＫです。また、「フルーツバスケット！」と発令したときは、全員が立ち上がり、いすを替えます。

アドバイス

★くだものの種類が多いと、たとえば全員の数が少ない場合、いすから立ち上がる子どもの数が少なくなるので、全員の人数に合わせてくだものの種類を決めましょう。
★くだものは、花や虫の名前に替えたり、数字に替えてもいいでしょう。
★子どもたちは、リーダーになりたい（発令したい）ために、わざと座らなかったり、いすをゆずり合ったりすることがあるので、３回リーダーになったらゲームからはずれる、などのルールを設けるといいでしょう。

いもむしゴロゴロ

わらべうた

チーム全員が呼吸を合わせて進むゲームです。

1 クラスの人数を半分に分け、A・Bチームをつくります。ひとつのチームがたとえば１５人なら、５人ずつの組を三組つくります。

2 ５人一組で一列になってしゃがみ、前の子につかまります。みんなで歌を歌いながら、右、左、右、左…と足をそろえ、しゃがんだまま、決められたコースを歩いて進みます。このとき、先頭の子どもと同じ方向に体を動かし、離れないようにして進みます。

3 先頭の子どもは、帽子をかぶるかボールを持つかし、ゴールしたら次の組にバトンタッチします。先にゴールしたチームの勝ちです。

ゲームあそび

9 握手ゲーム

子どもたち同士が、触れ合いながら仲よくなれるゲームです。

子どもたちは輪になっていすに座ります。保育者が子どもの名前を呼んだら、他の子どもたちは、その子どものところへ行き、握手をして元の席に戻ります。

アドバイス

できれば保育者は、全員の名前を呼びましょう。もし人数が多く、それが難しい場合は、おとなしい子どもや、元気のない子どもの名前を呼んであげましょう。

ゲームあそび

10 バスごっこ

バスに乗ってお出かけする気分を楽しむあそびです。

1 クラス全員がいすを並べて座り、保育者は先頭になって運転手役になります。

2 運転手役の保育者は、行き先を告げたり、「右に曲がりま〜す」「左に曲がりま〜す」「赤信号で止まります」「踏み切りです」「次、止まります」などといって演出し、バスに乗っている気分を盛り上げます。

★「右に曲がりま〜す」のときは、体を少し傾けて右にカーブする真似をします。

あそびの発展

★「急ブレーキです！」といって、急ブレーキを踏む真似をしてもおもしろいでしょう。
★はじめるときに、保育者が「今日はバスに乗って、どこまで行こうか？」と問いかけて、子どもたちに行きたい場所を考えさせると、バスごっこがより楽しくなります。

11 グーチョキゲーム

手指の器用さを養うゲームです。

クラス全員が同じ動作をします。両手を１回打って、右手は「グー」、左手は「チョキ」を同時に出します。次はまた両手を１回打って、左右逆に出します。「パン！ グー、パン！ チョキ･･･」といいながら、くりかえしていきます。

あそびの発展

「グー」と「パー」や、
「チョキ」と「パー」でも
やってみましょう。

ゲームあそび 12

指キャッチ！

俊敏性を競うゲームです。

1 全員が輪になって立ちます。右手の人さし指を右どなりの人の左手に乗せ、左手は開いて、左どなりの人の人さし指を乗せます。

2 保育者が「キャッチ！」というたびに、右手の人さし指はつかまらないように逃げ、左手はとなりの人の人さし指をつかみます。

あそびの発展

となりの人のひざをたたくあそびにもアレンジできます。輪になって座り、右手はとなりの人のひざに置き、左手は自分のひざに置かれた左どなりの人の手をたたく用意をします。保育者が「ポン！」というたびに、右手は逃げ、左手はとなりの人の手をたたきます。たたきそこなうと、自分のひざをたたくことになります。ふたりで向き合って行ってもよいでしょう。

ゲームあそび

13 帽子とりゲーム

参観日などに親子でも楽しめるあそびです。

1 ふたりで向かい合って正座します。まん中にひとつ帽子を置きます。

2 保育者が「パー！」といったら、両手を上げてバンザイのポーズをします。
また「グー！」といったら、背中を丸めて、小さく前かがみになります。

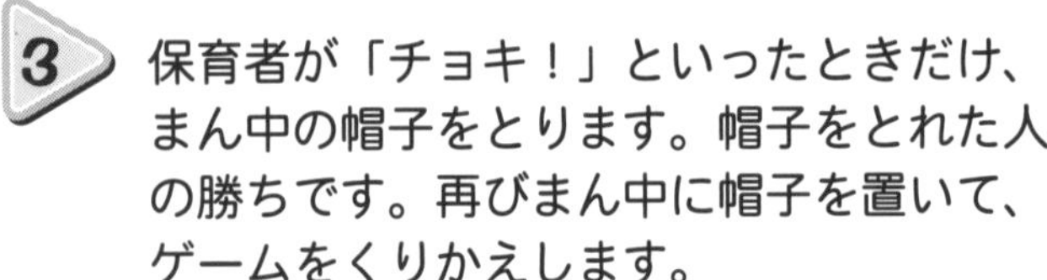

3 保育者が「チョキ！」といったときだけ、まん中の帽子をとります。帽子をとれた人の勝ちです。再びまん中に帽子を置いて、ゲームをくりかえします。

あそびの発展

★「チョキ！」を「チョ･･･コレート」「チョ･･･ッと待って！」「チョ･･･ッキン！」などとフェイントをかけてもおもしろいです。
★帽子のかわりにハンカチを使ってもいいでしょう。

ゲームあそび 14

しっぽとりゲーム

みんなで走りまわって楽しむゲームです。

1 紙テープを１ｍくらいの長さに切って、子どもたちの腰のあたりにガムテープなどでつけます。

2 適当な歌に合わせて走りまわり、自分以外の子どものしっぽを足で踏んでとります。立ち止まると、しっぽが地面にくっついて踏まれてしまうので、走り続けます。

3 最後にしっぽが一番長く残った人の勝ちです。

ゲームあそび

15 トンネルリレー

みんなで協力しながら楽しむあそびです。

1 ふたり一組になって手を上で合わせてアーチをつくり、それをつなげてトンネルをつくります。

2 最後部のペアが手をつないで一緒にトンネルをくぐります。このとき、つないだ手が離れないようにします。くぐり抜けたペアは最前部でアーチをつくり、トンネルの一部となります。そして、最後部のペアがまたトンネルをくぐり抜けることをくりかえします。

あそびの発展

全員がひと通りくぐり抜けたら、トンネルをいろいろ変化させましょう。保育者が「こちょこちょトンネル！」というと、みんなで、くぐっている人をくすぐります。「ワーワートンネル！」というと、みんなで大声を出します。

こちょこちょトンネル

ゲームあそび

16 トンネルくぐり

機敏性を養うゲームです。

1 トンネルになる子どもをふたり決め、アーチをつくります。他の子どもたちは、一列になって保育者の手拍子に合わせてトンネルをくぐり、かけ足で進みます。

2 保育者が「はい！」といったところで、トンネルのふたりは両手をおろし、ちょうどその下にいた子どもをつかまえます。つかまった子どもがふたりになると、また新しくトンネルをつくって、次々とトンネルの数を増やしていきます。全員がトンネルになったところで、ゲームは終わりです。

アドバイス

トンネルをくぐるとき、前の子どもを押さないように注意しましょう。

17 風船あてゲーム

新聞紙でつくった玉を風船にあてて競うゲームです。

★新聞紙をまるめ、全体にビニールテープを
貼って玉にします。
これをたくさんつくります。

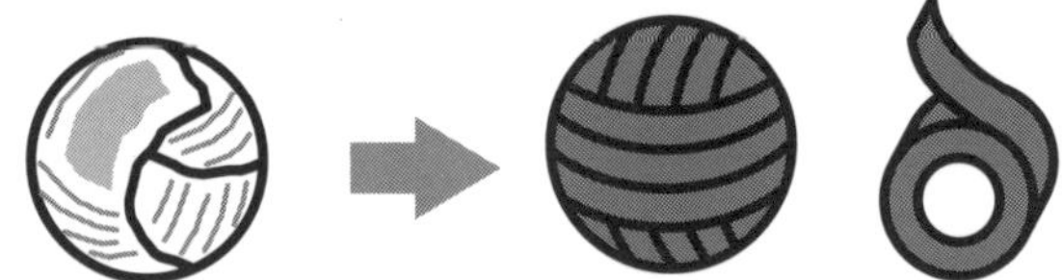

あそび1

1 適当な数の風船に1本ずつひもをつけ、
室内の上の方に張ったひもにつなげます。
風船から少し離れたところに
ラインを引きます。

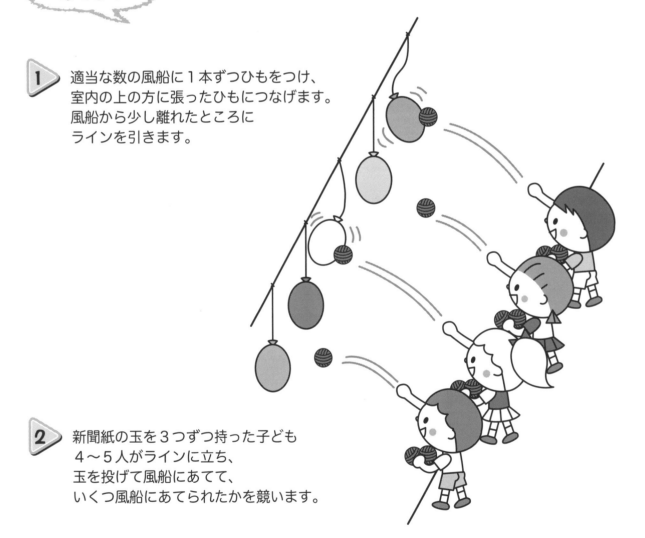

2 新聞紙の玉を3つずつ持った子ども
4～5人がラインに立ち、
玉を投げて風船にあてて、
いくつ風船にあてられたかを競います。

あそび２

1 ５つの風船に１～５の数字を書き、あそび１と同様にひもにつなげます。
このとき、真ん中の風船が１、左右が２、３、両端が４、５になるようにします。

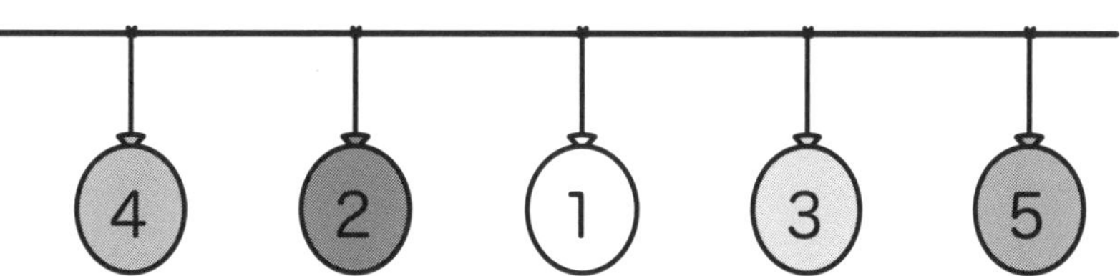

2 １の数字を書いた風船が正面になるように、ひとりの子どもがラインに立ちます。
３つの新聞紙の玉を投げて風船にあて、あたった風船に描かれた数字の数を足して得点とします。
子どもたちは順番に球を投げて、得点の多さを競います。

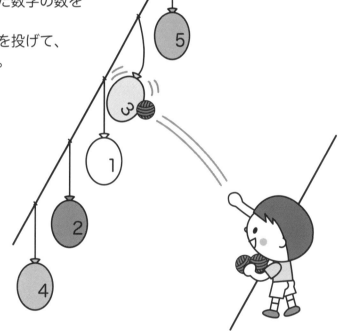

アドバイス

★投げた玉が他の子にあたらないように注意しましょう。
★風船に書く数字は、増やしてもいいでしょう。

ゲームあそび

18 高い？低い？

保育者の指示に合わせて、瞬時に動作を変えます。

1 子どもたちは全員、
小走りで自由に走ります。

2 保育者が「ふたり組！」と言ったら、
近くの人とふたり組になって、
向かい合います。

3 保育者が「高い、高い…」と言ったら
背伸びして高いところで、両手をたたき合います。

4 保育者が「低い、低い...」と言ったら、
しゃがんで低いところで、両手をたたき合います。

5 「走って！」と保育者が言ったら、ふたり組は離れて、また小走りで自由に走ります。
その後、同様に遊びをくりかえします。

6 慣れてきたら、動きを逆にします。保育者が「はんたーい！ 高い高い...」と言ったら、
しゃがんで低いところで両手をたたき合い、「はんたーい！ 低い低い...」と言ったら、
背伸びして高いところで両手をたたき合います。

あそびの発展

○「高い」「低い」の他に、「中ぐらい」というものを入れて、中腰でたたき合ってもいいでしょう。
○保育者は「高ーくなくて、低い、低い...」などと､フェイントをかけてもおもしろいでしょう。

ゲームあそび

19 もうじゅうがり

となえうた

決まった人数を集めるときに便利なあそびです。

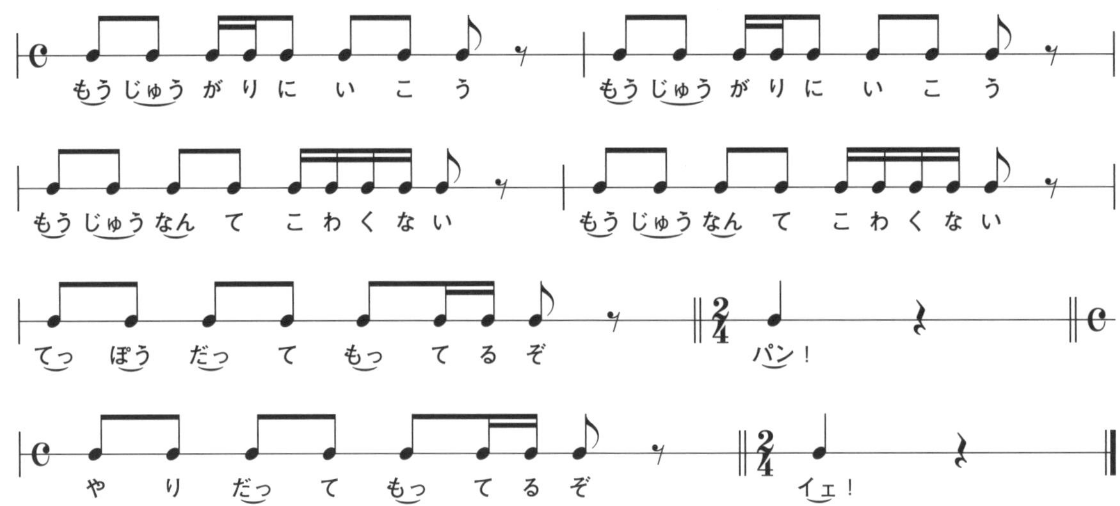

もうじゅうがりにいこう もうじゅうがりにいこう
もうじゅうなんてこわくない もうじゅうなんてこわくない
てっぽうだってもってるぞ パン！
やりだってもってるぞ イェ！

1 子どもたちは、自由にバラバラに立っています。みんなでとなえうたを歌い、歌い終わったところで保育者が「クマ！」「キリン！」などと、動物の名前をいいます。

2 子どもたちは、その動物の文字の数だけ、それぞれ集まります。
（ex.クマ、サル→ふたり組、キリン、パンダ→３人組、ライオン→４人組、ガラガラヘビ→６人組）

歌あそび・手あそび

歌を歌いながら、身体を動かしたり
手を動かしたり…。みんなで一緒に、
全身を使って元気よく歌あそびや
手あそびを楽しみましょう。

歌あそび・手あそび 1

さあ みんなで

作詞／作曲：浅野ななみ

さ あ みん な で みん な で あ つ ま ろ う
お と な り さん の か た た た こう

お と な り さん の ひ ざ た た こう

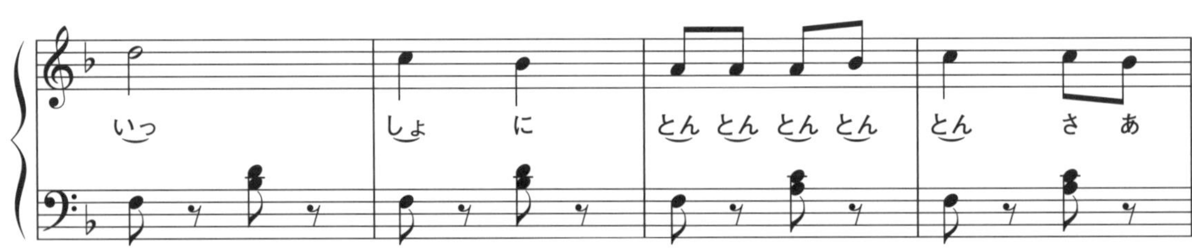
いっ しょ に とん とん とん とん とん さ あ

みん な で みん な で あ つ ま ろ う

★はじめる前に、子どもたちは輪になったり、何列かになって座り、手をつなぎます。

① ♪さあ　みんなで　みんなで　あつまろう

（リズムに合わせて手をゆらします）

② ♪おとなりさんの　かたたたこう

（左どなりの人の肩をたたきます）

③ ♪おとなりさんの　ひざたたこう

（左どなりの人のひざをたたきます）

④ ♪いっしょに　とんとんとんとんとん

（「♪とんとんとんとんとん」のところで
３回手をたたき合います）

⑤ ♪さあ　みんなで　みんなで　あつまろう

（①と同じ動きです）

アドバイス

★「♪かたたたこう」「♪ひざたたこう」のところは、「♪みみさわろう」「♪あたまなでよう」など、別の言葉と動作に替えてもいいでしょう。

★子どもたちを集めて、何かをするときの歌あそびに向いています。

歌あそび・手あそび 2

はじまるよ

作詞／作曲：不詳

♪はじまるよ　はじまるよ
はじまるよ　はじまるよ

1番　♪１と１で　にんじゃだよ　ニン！

2番　♪２と２で　カニさん　チョキン！

3番　♪３と３で　ねこのひげ　ニャン！

4番　♪４と４で　たこのあし
ニョロニョロ！

5番　♪５と５で　手はおひざ　しー！

あそびの発展

キャラクターバージョンにアレンジしてみましょう。
また「♪５と５で」は「♪ 手は頭」「♪手はおしり」などにしてもいいでしょう。

♪ １と１で
ピカチュウ
ピカ！

♪ ２と２で
セーラームーン
キラン！

♪ ３と３で
ドラえもん
ドラッ！

♪ ４と４で
ウルトラマン
シュワッチ！

3 ふたり組

作詞／作曲：不詳

1番

♪おててを げんきに ふりながら
ともだち さがして てをつなぎ

（手をふりながら歩いて友だちを探し、ふたり組になります）

2番

♪ともだち さがして つないだら
つないだ おててで ひとまわり

（片手をつないでひとまわりして、両手をつなぎます）

3番

♪つないだ おててで まわったら
くるりと せなかを つけましょう

（両手をつないでまわり、背中を合わせます）

4番

♪くるりと せなかを つけたらば
カニさん カニさん よこあるき

（背中合わせで横に歩きます）

5番

♪カニさんに なって あるいたら
そのまま しずかに すわりましょう

（背中合わせで手をつないだまま、座ります）

6番

♪そのまま しずかに すわったら
はんたいの おふねで こぎましょう

（交互に相手の背中に乗ります）

7番

♪はんたいの おふねを こいだらば
そのまま げんきに たちましょう

（手をつないで背中合わせのまま立ちます）

8番

♪そのまま げんきに たったらば
ギッタンバッコン こぎましょう

（立って、交互に背中に乗ります）

9番

♪ギッタンバッコン こいだらば
おててを はなして おしりをドン！

（背中合わせで立ち、手を放しておしりをドン！）

10番

♪おしりを ドンと やったらば
うさぎに なって とびましょう

（ピョンピョン飛びます）

11番

♪うさぎに なって とんだらば
さよなら さよなら またあした

（手をふります）

★さよならしたら、
また１番に戻り、
別の相手を探します。

きつねのおはなし

作詞：まど みちお／作曲：渡辺 茂

1番

① ♪ こっちから　きつねが
でてきたよ

（両手を後ろにし、片方の手をキツネの形にして、ふりながら前に出します）

② ♪ みみうごかすよ
ぴくぴくぴく

（人さし指と小指を折り曲げるようにぴくぴく動かします）

③ ♪ あっちで　ともだち
よんでるよ

（もう片方の手で、遠くを指さしながら、ふります）

④ ♪ どんどん　どんどん
かけてっ

（キツネの手をゆらしながら、もう片方の手に近づけます）

⑤ ♪ た

（両手を後ろに隠します）

★2番も同じ動きです。

3番

① ♪ りょうほうから　きつねが
でてきたよ

（両手を後ろでキツネの形にし、ふりながら前に出します）

② ♪ くちうごかすよ
ぺらぺらぺら

（両手のキツネを向かい合わせ、話をするようにパクパク動かします）

③ ♪ おにごっこしようよ

（両手のキツネを、後ろから前にふりながら動かします）

④ ♪ じゃんけんぽん

（両手でじゃんけんをします）

⑤ ♪ らんらん　らんらん

（両手を上に上げ、キラキラさせながら下ろします）

⑥ ♪ あっはっは

（顔の横で両手を広げ、3回ふります）

歌あそび・手あそび 5

サンタとトナカイ

となえうた

サン タ トナ カイ サン タ トナ カイ

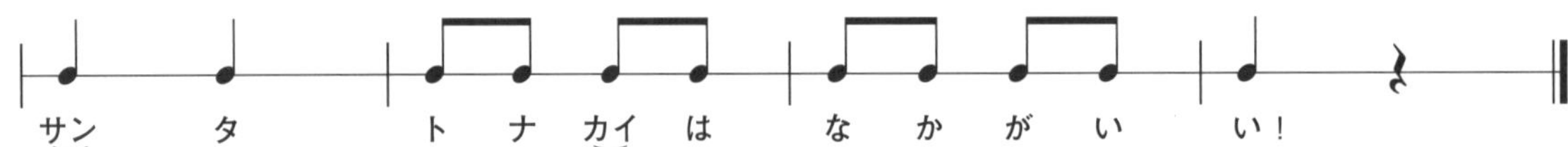
サン タ トナ カイ は な か が い い！

あそびかた

サンタのポーズとトナカイのポーズを交互にします。
最後の「なかがいい！」の「いい！」のときに、保育者がサンタかトナカイのどちらかのポーズをします。子どもたちは、保育者と違うポーズをしなければいけません。同じポーズになった子どもは座っていき、最後まで残った人がチャンピオンです。

① ♪ サンタ

（あごに手をあてて、サンタのひげをつくります）

② ♪ トナカイ（は）

（３回くりかえします）

（頭の上に手をあてて、トナカイの角をつくります）

③ ♪ なかが

（２回手をたたきます）

④ ♪ いい！

（サンタかトナカイのどちらかのポーズをします）

あそびの発展

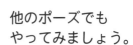

他のポーズでも
やってみましょう。

「ミッキーさんと
ウルトラマン」

「パンダさんと
コアラさん」

歌あそび・手あそび

6 パンダうさぎコアラ

作詞：高田ひろお／作曲：乾 裕樹

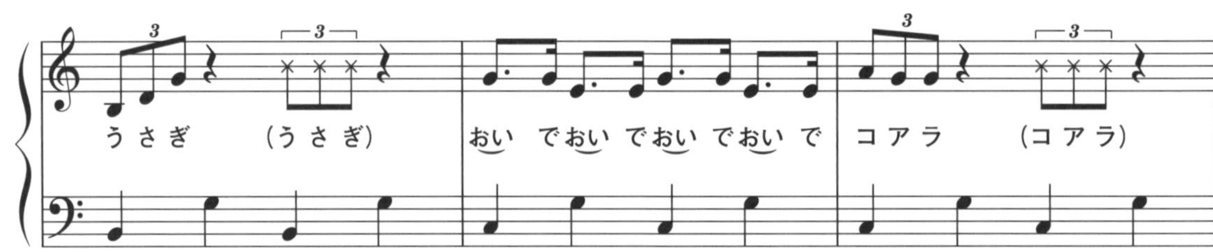

① ♪ おいで おいで
おいで おいで

② ♪ パンダ

（パンダの目をつくります）

③ ♪ おいで おいで
おいで おいで

④ ♪ うさぎ

（うさぎの耳をつくります）

⑤ ♪ おいで おいで
おいで おいで

⑥ ♪ コアラ

（コアラが抱っこしているポーズをします）

⑦ ♪ パンダ

⑧ ♪ うさぎ

⑨ ♪ コアラ

★⑦、⑧、⑨の動きをくりかえします。

アドバイス

参観日などに親子で向き合って行っても楽しいです。その場合、最後は「コアラ～！」と叫びながら、おうちの人が子どもを抱きしめると盛り上がります。

7 おつかいありさん

作詞：関根栄一／作曲：團 伊玖磨

① ♪ あんまり　いそいで

（自由に歩きます）

② ♪ こっつんこ

（近くの人とふたり組になって、グーの両手で３回たたき合います）

③ ♪ ありさんと　ありさんと

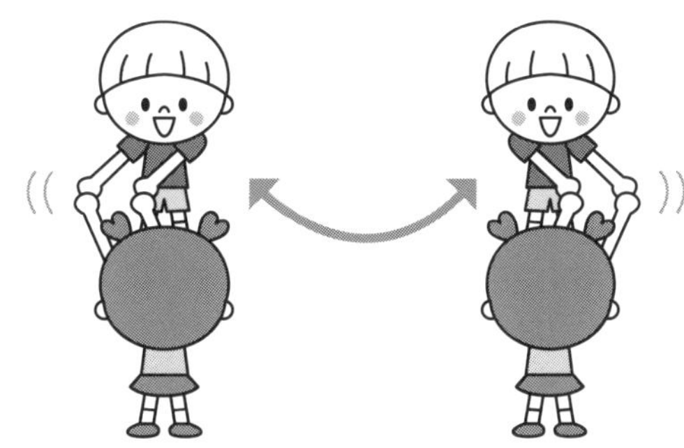

（両手をつないで左右に１回ずつゆらします）

④ ♪ こっつんこ

（②と同じ動きです）

⑤ ♪ あっちいって

（横に並んで、腕ぐみをします）

⑥ ♪ ちょんちょん

（肩を２回つき合わせます）

⑦ ♪ こっちきて　ちょん

（おしりを合わせます）

★２番も同じ動きです。

あそびの発展

ゆっくりのテンポから、少しずつテンポアップしてやってもおもしろいでしょう。

歌あそび・手あそび
8
小さな庭

作詞／作曲：不詳

ちいさなにわを
よくたがやして

ちいさなたねを
まきました
ぐんぐんのびて

はるになって
ちいさなはなが
さきました　ポッ！

① ♪ ちいさな にわを

（両手の人さし指で胸の前に
小さな四角を描きます）

② ♪ よくたがやして

（両手の人さし指を曲げながら、たがやす
ように左から右へ動かします）

③ ♪ ちいさな たねを
まきました

（左手の手のひらに種を乗せたつもりで
それをつまみ、まく真似をします）

④ ♪ ぐんぐん のびて

（両手を合わせて左右にふりながら、
上に伸ばしていきます）

⑤ ♪ はるに なって

（両手を広げ、キラキラさせながら
下ろします）

⑥ ♪ ちいさな はなが

（両手の人さし指を４回打ち合わせます）

⑦ ♪ さきました

（両手を合わせて、
つぼみのように少しふくらませます）

⑧ ♪ ポッ！

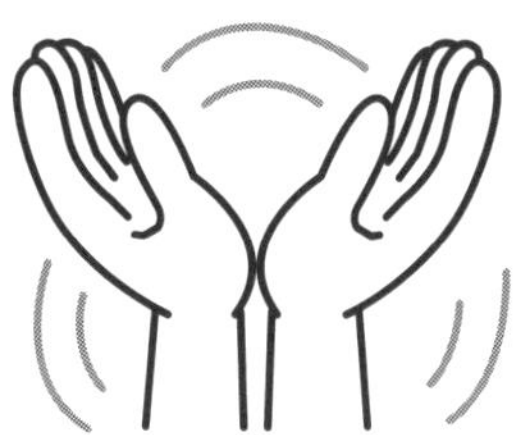

（ポッと花が咲くように、
両手を小さく開きます）

あそびの発展

大きな庭、中くらいの庭、丸い庭など、歌詞や動きなども替えてやってみましょう。

作詞：不詳／作曲：L. Denza

おにのパンツはいいパンツ　つよいぞ　つよいぞ　ト
ラのけがわでできている　つよいぞ　つよいぞ　ご
ねんはいてもやぶれない　つよいぞ　つよいぞ　じゅう
ねんはいてもやぶれない　つよいぞ　つよいぞ
はこう　はこう　おにのパンツ　はこう　はこう　おにのパンツ　あなた
もわたしも　あなたもわたしも　みんなではこう　おにのパンツ

① ♪ おにの

② ♪ パンツは

③ ♪ いいパンツ

（オーケーポーズ）

④ ♪ つよいぞ つよいぞ

（ガッツポーズ）

⑤ ♪ トラの

⑥ ♪ けがわで できている

（爪を立てる真似をします）

⑦ ♪ つよいぞ つよいぞ

⑧ ♪ ごねん

⑨ ♪ はいても

（パンツをはく真似をします）

⑩ ♪ やぶれない

⑪ ♪ つよいぞ つよいぞ

⑫ ♪ じゅうねん

⑬ ♪ はいても　やぶれない　つよいぞ つよいぞ　はこう はこう　おにのパンツ　あなたも わたしも

（⑨と同じ動きです）（⑩と同じ動きです）（④と同じ動きです）

＜２回＞
（⑨、①、②と同じ動きです）

＜２回＞

⑭ ♪ みんなで　はこう　おにのパンツ

（⑨、①、②と同じ動きです）

あそびの発展

いろいろな動物にアレンジしてみましょう。

♪うさぎのパンツは いいパンツ　しなやか しなやか　うさぎのけがわで できている　しなやか しなやか
ごねんはいても やわらかい　しなやか しなやか　じゅうねんはいても やわらかい　しなやか しなやか

♪ゴリラのパンツは いいパンツ　ゴワゴワ ゴワゴワ　ゴリラのけがわで できている　ゴワゴワ ゴワゴワ
ごねんはいても かたいぞ　ゴワゴワ ゴワゴワ　じゅうねんはいても かたいぞ　ゴワゴワ ゴワゴワ

♪へびのパンツは いいパンツ　ヌルヌル ヌルヌル　へびのかわで できている　ヌルヌル ヌルヌル
ごねんはいても つめたいぞ　ヌルヌル ヌルヌル　じゅうねんはいても つめたいぞ　ヌルヌル ヌルヌル

10 とんとんとんとん ひげじいさん

作詞：不詳／作曲：玉山英光

とん とん とん とん
ひ げ じ い さ ん (ビヨ〜ン)
とん とん とん とん
こ ぶ じ い さ ん (ポコッ)

とん とん とん とん
て ん ぐ さ ん (ポキッ)
とん とん とん とん
め が ね さ ん (ズルッ)

とん とん とん とん
て を う え に
らん らん らん らん
て は お ひ ざ

＜ひげじいさん アレンジバージョン＞

① ♪ とんとんとんとん

（両手をグーにして４回たたきます）

② ♪ ひげじいさん（ビヨ〜ン）

（両手のグーをあごにあて、片手をビヨ〜ンとのばします）

③ ♪ とんとんとんとん

（①と同じ動きです）

④ ♪ こぶじいさん（ポコッ）

（両手のグーをほおにあて、片手をポコッとはずします）

⑤ ♪ とんとんとんとん

（①と同じ動きです）

⑥ ♪ てんぐさん（ポキッ）

（両手のグーを鼻にあて、片手をポキッとはずします）

⑦ ♪ とんとんとんとん

（①と同じ動きです）

⑧ ♪ めがねさん（ズルッ）

（両手をめがねの形にして目にあて、ズルッとはずします）

⑨ ♪ とんとんとんとん

（①と同じ動きです）

⑩ ♪ てをうえに

（両手をパーにして上に上げます）

⑪ ♪ らんらんらんらん

（両手をひらひらさせながら下ろします）

⑫ ♪ てはおひざ

アドバイス

ひげじいさんのアレンジバージョンは、ひげがのびたりこぶが落ちたり、鼻が折れたりめがねがずり落ちたりするところにおもしろさがあります。そのおもしろさを表情豊かに表現してみましょう。

11 おばけ

作詞／作曲：不詳

① ♪ でたー

（おばけの手をつくり、
右にゆらします）

② ♪ でたー

（左にゆらします）

③ ♪ おばけが

（顔をかくします）

④ ♪ でたー

<①～④ ２回くりかえし>

（両手を開いて、
びっくりした顔をします）

⑤ ♪ まっくらな

（手を交差します）

⑥ ♪ やみの　なか

（両手を広げて上から下ろします）

⑦ ♪ なにかが　うごいてる

（手のひらを合わせて、クネクネさせます）

⑧ ♪ でたー　でたー
おばけが　でたー

（①～④と同じ動きです）

⑨ ♪ でたー　でたー
おばけが　でたー！

（①～④と同じ動きです）

★最後は思いきり、
びっくりした顔をします。

アドバイス

「♪ でたー　でたー」や「♪ まっくらな　やみの　なか」のところでは、おばけをイメージするような怖い顔をしましょう。また最後の「でたー！」のところでは、大声でエキサイトしましょう。

12 たまごとにわとり

日本語詞：保冨康午／フランス民謡

→ 歌あそび解説は次ページへ

→「たまごとにわとり」前ページより

1番 3番 たまごポーズ

① ♪ たまごが さきだ

（頭の上で両手でたまごの形をつくります）

② ♪ たまごが さきだ

（両手を下にして、たまごの形をつくります）

③ ♪ たまご たまご たまご たまご

（①と②の動きを交互にくりかえします）

④ ♪ アー

（両手をふります）

2番 4番 にわとりポーズ

⑤ ♪ にわとりが さきだ

（両手でにわとりの羽の形をつくります）

⑥ ♪ にわとりが さきだ

（そのまま中腰になります）

⑦ ♪ にわとり にわとり にわとり にわとり

（⑤と⑥の動きを交互にくりかえします）

⑧ ♪ アー

（両手をふります）

5番

歌詞に合わせて①のたまごポーズか⑤のにわとりポーズをします。

★１～５番とも、たまご、にわとりポーズや、最後の「♪アー」以外のところは、リズムに合わせて手拍子をします。

ワニのかぞく

作詞：上坪マヤ／作曲：峯 陽

→ 次ページへ

→前ページより

1番

①♪ ワニの　おとうさん
ワニの　おとうさん
おくちを　あけて

（手を大きく開いて４回たたきます）

②♪ おひげ　ジョリジョリ
おひげ　ジョリジョリ

（ひげをそる真似をします）

③♪ およいで　いるよ

（平およぎの真似をします）

2番 ①と③は１番と同様の動きです。

② ♪ おけしょう　パタパタ
おけしょう　パタパタ

（お化粧をする真似をします）

3番 ①と③は１番と同様の動きです。

② ♪ きんにく　モリモリ
きんにく　モリモリ

（力こぶをつくります）

4番 ①と③は１番と同様の動きです。

② ♪ おしり　フリフリ
おしり　フリフリ

（おしりをふります）

5番 ① ♪ ワニの　あかちゃん
ワニの　あかちゃん
おくちを　あけて

② ♪ おっぱい
チュウチュウ
おっぱい
チュウチュウ

③ ♪ およいで　いるよ

（人さし指を４回つけたり離したりします）

（おっぱいを飲む真似をします）

（人さし指でおよぐ真似をします）

なんでも食べて元気な子

作詞／作曲：小田原短大幼音グループ

1.ぼーくはピーマン きらい それをきーいた
2.わたしはにんじん きらい それをきーいた
バイキンくん おなかにはいって おおさわぎ
バイキンくん おなかにはいって おおさわぎ
はらいたバイキン おおさわぎ ぼーくにピーマン
はらいたバイキン おおさわぎ わたしににんじん
いいました はーやくぼーくを たべなさい おなかのバイキン
いいました はーやくわたしを たべなさい おなかのバイキン
やっつける ピーマンこうせん ピッピッピッ
やっつける にんじんしゅりけん シュッシュッシュッ

1番

① ♪ ぼくは

（自分をさします）

② ♪ ピーマン

（ピーマンの形をつくります）

③ ♪ きらい

（手をふります）

④ ♪ それを

（右の耳に手をあてます）

⑤ ♪ きいた

（左の耳に手をあてます）

⑥ ♪ バイキンくん

（バイキンポーズをします）

⑦ ♪ おなかに
はいって

（お腹をおさえます）

⑧ ♪ おおさわぎ

（バタバタ足を動かします）

⑨ ♪ はらいたバイキン
おおさわぎ

（⑦、⑧と同じ動きです）

⑩ ♪ ぼくに　ピーマン

（①、②と同じ動きです）

⑪ ♪ いいました

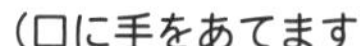

（口に手をあてます）

⑫ ♪ はやく　ぼくを

（両手で自分をさします）

⑬ ♪ たべなさい

（食べる真似をします）

⑭ ♪ おなかの
バイキン

（お腹をたたきます）

⑮ ♪ やっつける

（パンチします）

⑯ ♪ ピーマンこうせん

（②と同じ動きです）

⑰ ♪ ピッピッピッ

（光線を出す真似をします）

2番

① ♪ わたしは　にんじん

（両手でピースの形をして、横に２回ふります）
※「♪わたしに　にんじん」のところも同様です。

② ♪ きらい　それを　きいた　バイキンくん…
おなかのばいきん やっつける
（１番と同じ動きです）

③ ♪ にんじん
しゅりけん

④ ♪ シュッ
シュッ
シュッ

（しゅりけんを飛ばす真似をします）

歌あそび・手あそび 15

みんなで歯みがき

作詞／作曲：井上明美

1番

① ♪ カバさんの　はみがきは

（手を上げて開いたり閉じたりして、カバの口を表します）

② ♪ ゴシ ゴシ ゴシ ゴシ

（右手を左右に動かして、歯みがきの真似をします）

③ ♪ ゴシ ゴシ ゴシ ゴシ
ゴシゴシみがいて

（②と同じ動きです）

④ ♪ ガラガラ
ペーッして

（うがいをする真似をします）

⑤ ♪ きもちいいね

（両手をほおにあて、うれしい顔をします）

2番 ♪ ヤギさんの
はみがきは

（人さし指でヤギの角をつくって、
左右にゆれます）

3番 ♪ ねこさんの
はみがきは

（両手の３本の指でねこのひげをつくって、
左右にゆれます）

4番 ♪ リスさんの
はみがきは

（右手を体のうしろで左右にふって、
リスのしっぽを表します）

★「＜２番＞♪ ギュッ ギュッ ギュッ ギュッ…」
「＜３番＞♪ キュッ キュッ キュッ キュッ…」
「＜４番＞♪ シュッ シュッ シュッ シュッ…」
以降は、１番と同じ動きです。

アドバイス

いろいろな動物に替えてやってみましょう。
また、食後の歯みがきの前に歌って、歯みがきを楽しいものにしましょう。

歌あそび・手あそび

16 すうじのうた

作詞：夢 紅二／作曲：小谷 肇

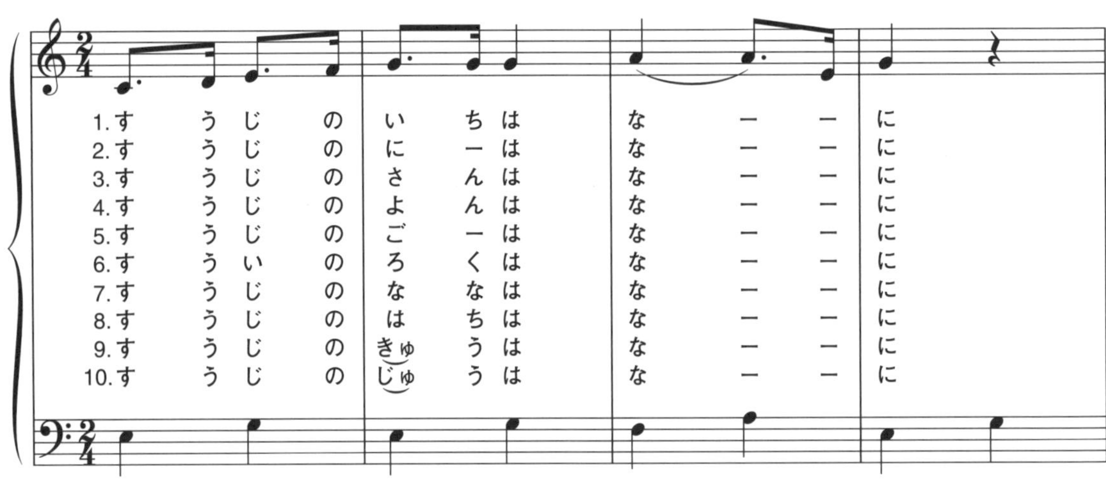

1番 ♪ こうばの えんとつ
モクモク

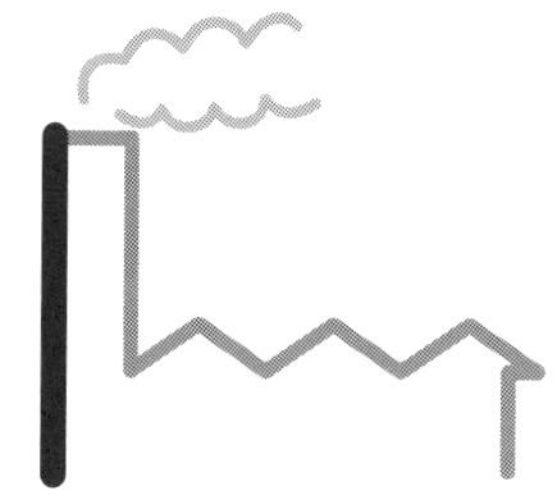

2番 ♪ おいけの がちょう
ガアガア

3番 ♪ あかちゃんの おみみ
フムフム

4番 ♪ かかしの ゆみや
ピュンピュン

5番 ♪ おうちの かぎよ
ガチャガチャ

6番 ♪ たぬきの おなか
ポンポン

7番 ♪ こわれた ラッパ
プープー

8番 ♪ たなの だるま
アップップ

9番 ♪ おたまじゃくし
チョロチョロ

10番 ♪ えんとつと おつきさま
ピカピカ

アドバイス

大きな紙に、歌詞の数字を
イメージする絵を描いて、
それを見ながら歌いましょう。

歌あそび・手あそび

17 5つのメロンパン

作詞：中川ひろたか／イギリス民謡

1. パン　やにいつつの　メロンパン
2. パン　やによっつの　メロンパン
3. パン　やにみっつの　メロンパン
4. パン　やにふたつの　メロンパン
5. パン　やにひとつの　メロンパン
ふん　わりまるくて　おいしそう

こどもがひとり　やっ　てきて
（おばさん
メロンパンちょうだい）
（はい　どうぞ）

1.2.3.4.
5.
メロンパン　ひとつ　かってった
かってった
（うりきれです）

1番

① ♪ パンやに　5つの
メロンパン

（左手の指を５本立ててゆらします）

② ♪ ふんわり　まるくて

（両手を上から下に動かして、
丸の形を描きます）

③ ♪ おいしそう

（両手の手のひらを顔の横に近づけて、
交互に上下に動かします）

④ ♪ こどもが　ひとり
やってきて

（左手は指を５本立て、右手は人さし指を立
てて、右から動かし、左手に近づけます）

⑤「♪おばさん
メロンパンちょうだい」

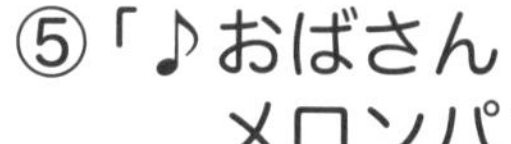

（右手の人さし指を動かします）

⑥「♪はい、どうぞ」

（両手の手のひらを上にして、
前にさし出します）

⑦ ♪ メロンパン　ひとつ
かってった

（左手を４本立て、右手は人差し指を
立てて、左から右に動かします）

★２番は①の左手の指を４本に、⑦の左手の指を３本にして、同様に行います。３〜５番は、さらに左手の指を１本ずつ減らして、同様に行います。

＊歌詞の最後の「♪うりきれです」の部分は、両手をパーの形にしてゆらします。

あそびの発展

メロンパンをあんぱんやカレーパンに代えて、②の歌詞をたとえば「♪ふんわり あまくて」や「♪カリカリ していて」などして、いろいろアレンジしてやってみましょう。

まちがえちゃうね

作詞／作曲：阿部直美

1番

① ♪ カバさんの　つくった
ドーナツは　ハッ！

（ドーナツの生地をのばすように、
両手を前後に動かします）

（両手を上げて、
びっくりした顔をします）

② ♪ まんまる　こんなに
おおきくて　　エッ！

（両手を少しずつ上に上げていき、
丸の形をつくります）

（①の「ハッ！」と
同じ動きです）

③ ♪ うみに
もってったら

（４回手をたたきます）

④ ♪ あら　たいへん　ハッ！

（両手を顔の横にして、
左右にゆれます）

（①の「ハッ！」と
同じ動きです）

⑤ ♪ うきわと
まちがえちゃうね
エッ！

（③、④と同じ動きです）

＊２番と４番の「♪ まんまる　こんなに　ちいさくて」
のところは、手を前にして小さい丸をつくります。

★３番も１番と同じ動きです。

それ以外の動きは、
１番と同じです。

19 にもつ持ち帰りのうた

作詞／作曲：不詳

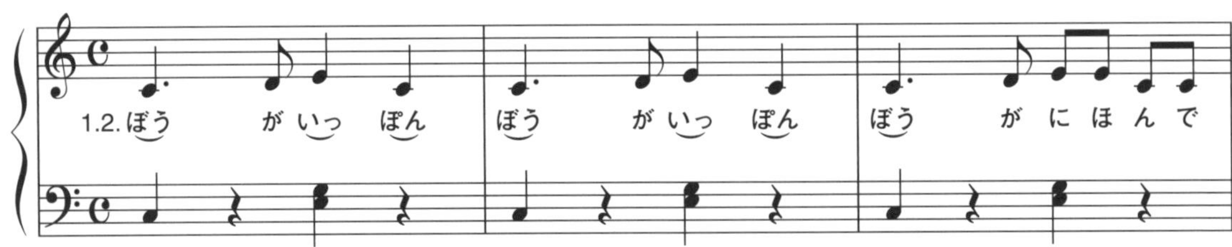

① ♪ ぼうが いっぽん

（右手の人さし指を出します）

② ♪ ぼうが いっぽん

（左手の人さし指を出します）

③ ♪ ぼうが にほんで
トントントン

（両手の人さし指を交差し、
３回トントンたたきます）

④ ♪ うえを むいて

（両手の人さし指を上に向けます）

⑤ ♪ したを むいて

（両手の人さし指を下に向けます）

⑥ ♪ ○○は どこだ？

（荷物を探すように、両手の
人さし指をクルクルさせます）

★○○のところは、その日持ち帰るものを入れましょう。
（例：帽子、タオル、上ばき、スモックなど）

★歌詞の最後の「♪ ぜんぶあるね」のところは、下のいずれかのポーズをしましょう。

（両手の人さし指をほおにあてて、
スマイルポーズをします）

（両手を上に上げて、丸の形をつくります）

アドバイス

★週の最後の日など、持ち帰る荷物の多いときに歌うといいでしょう。
★歌いながら、一つひとつ荷物を確認しましょう。

歌あそび・手あそび 20

ぼく たぬき

わらべうた

さ ん ちゃ ん が さ ん ぽ し

て さ ん え ん も ら っ て

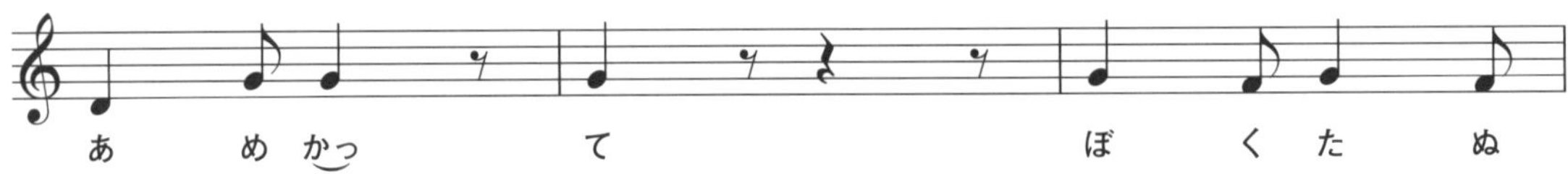
あ め かっ て ぼ く た ぬ

き ポ コ ペン

最後にたぬきができあがる、絵かきうたです。

① ♪ さんちゃんが

② ♪ さんぽして

③ ♪ さんえん　もらって

④ ♪ あめ　かって

⑤ ♪ ぼく　たぬき

⑥ ♪ ポコ

⑦ ♪ ペン

できあがり！

21 ゴリラのうた

作詞：上坪マヤ／作曲：峯 陽

1番

① ♪ ゴリ

（両手をグーにして、片手は上に上げ、もう片方の手は胸にあてます）

② ♪ ラは

（① の手を逆にします）

③ ♪ エッホッホ

（両手でガッツポーズをします）

④ ♪ むねを　たたいて

（両手をグーにして、交互に胸をたたきます）

⑤ ♪ エッホッホ

（③ と同じ動きです）

⑥ ♪ アフリカの
ジャングルで

（両手を上に上げて、左右にゆらします）

2番　①～③、⑥ は1番と同じ動きです。

⑦ ♪ むねを　たたいて
エッホッホ

（④、⑤ と同じ動きです）

⑧ ♪ バナナたべて

（バナナを食べる真似をします）

⑨ ♪ エッホッホ

（③と同じ動きです）

●著者・楽譜アレンジ

井上 明美（いのうえ あけみ）

国立音楽大学教育音楽学科幼児教育専攻卒業。卒業後は、㈱ベネッセコーポレーション勤務。在籍中は、しまじろうのキャラクターでおなじみの『こどもちゃれんじ』の編集に創刊時より携わり、音楽コーナーを確立する。退職後は、音楽プロデューサー・編集者として、音楽ビデオ、ＣＤ、ＣＤジャケット、書籍、月刊誌、教材など、さまざまな媒体の企画制作、編集に携わる。
２０００年に編集プロダクション アディインターナショナルを設立。主な業務は、教育・音楽・英語系の企画編集。同社代表取締役。http://www.ady.co.jp
同時に、アディミュージックスクールを主宰する。http://www.ady.co.jp/music-school
著書に、『密にならずにみんなであそべる保育のネタ集』、『まるっとシアターあそびBOOK』、『日本の昔話で楽しむ劇あそび特選集』（いずれも自由現代社）、『脳と心を育む、親子のふれあい音楽あそびシリーズ』<リズムあそび、音感あそび、声まね・音まねあそび、楽器づくり、音のゲームあそび>（ヤマハミュージックエンタテインメント）他、多数。

●情報提供

学校法人 東京吉田学園 久留米神明幼稚園／小林由利子 安部美紀 富澤くるみ 栗林ありさ

●編集協力

アディインターナショナル／大門久美子、新田 操

●イラスト作成

太中トシヤ

●本文デザイン

鈴木清安

すぐ使えてたのしい！ **保育に役立つあそびのネタブック** 定価（本体 1300円＋税）

編著者――井上明美（いのうえあけみ）
表紙デザイン――オングラフィクス
発行日――2021年 11月 30日
編集人――真崎利夫
発行人――竹村欣治
発売元――株式会社自由現代社
〒171-0033 東京都豊島区高田 3-10-10-5F
TEL03-5291-6221/FAX03-5291-2886
振替口座 00110-5-45925

ホームページ――http://www.j-gendai.co.jp

ISBN978-4-7982-2503-6